アメブロオフィシャルブログ
「妄想は世界を救う。」
かずみん
＋
マンガ
keycocco

マンガでわかる
「引き寄せの
法則」

かずみんスタイル

すべての妄想を
かなえる魔法

ビジネス社

私はこどもの頃から
ぼんやりと考えごとをするのが
とても好きでした

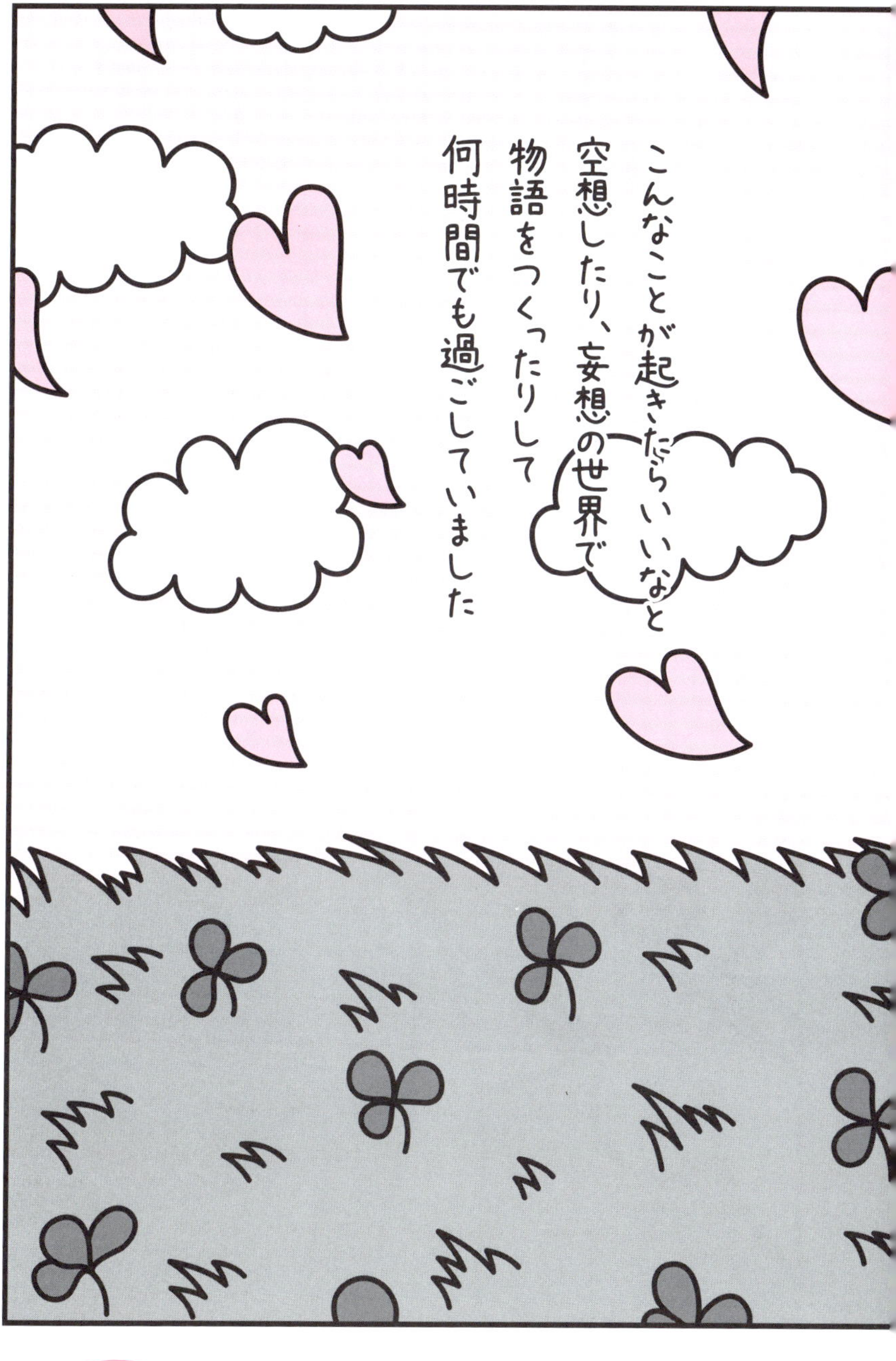
こんなことが起きたらいいなと
空想したり、妄想の世界で
物語をつくったりして
何時間でも過ごしていました

そう♥
妄想を楽しんでいたんです
エへへっ♥
へへっ♥

たいていは、好きな男の子に
告白されるとか
他愛のない妄想でしたが…
好きだよ
かずみん
う、うん
わたしもすき
キュ――――ン
なぜか、それが
現実になるのでした
キューン
好きだよ
かずみん
わたしも
すき

私の感覚としては、
妄想した瞬間に、
良いことも、悪いことも
それがすでに叶った世界が
宇宙のどこかに
存在しているんです
宝くじで!! 6億円当たっかり
こチョキ〜
ぷかぷか〜
エヘヘヘ〜
ペタリ
実現済
アメブロ公式ブロガー
エヘ
あみいさんとディズニーランドでフフフ
実現済
ペタリ
叶った願いには『実現済』シールを貼るよ〜
実現済
現実
ぐいっぐいっ
ヘヘヘ
実現済
ステキなだんなさまと結婚してちょ〜幸せ
ペタリ

宇宙
だんだん貧乏になる
まって〜
温泉でゆったりする
書いた本が大ヒットする
かずみんスタイル
憧れのスターに会う!
かずみんさん
はいっ
南の島でのんびりバカンス
夫に浮気される
チョキッ
コレ、いらん思考〜

妄想して
にやにやワクワクして
過ごせば
その願いが叶った世界が
現実になるんです！
本がベストセラー
かずみんスタイル
本がベストセラー
本がベストセラー
ピタ
この願いも
現実に重なった♡
ぐいっ

本書では、その秘訣を
マンガでわかりやすく
お伝えしますね

はじめに

かずみんさんの本にイラストやマンガを描かせていただくのはこれで3冊めですが、今回はまさかの共著！　私の名前も表紙に載ってしまうなんて！　「本のイラストやマンガの仕事をしたい」と思っていましたが、夢以上のことが叶ってしまいました！

本書のシナリオをいただいてびっくりしたのは、Chapter1に登場する相談者さん達の気持ちが、痛いほどよくわかってしまったこと。そりゃあもう、臨場感たっぷりに描けるわけです。出来事の種類は違えど、「あれ？　この人達は私の中の一部？」みたいな。

だからこそ、1話ごとに、描き上げた瞬間の、解決したときの爽快感がたまらないのです！　私の中の相談者さん達もどんどんハッピーになっていくのを実感しました！

毎日の生活の中でマイナスの感情が湧いてきたとき、「あ、今は『ちょっとあほ』

になろう」「今は『現実は知らん力』を使おう」「あぁ、『いらん思考』だな」「あ、しまった。『現状維持システム』作動してるわ」……みたいに、すべてにおいて素敵な解決法があるって、本当に心強い！　そして試しに、自己設定を『なりたい自分』にして生活してみると、とにかくすべてが楽しいんです！

そんな自分に酔っている（あほになっている）と、にやにやワクワクがとまらなくなります。「あれ？　マイナスをこねくり回していた私はどこ？」と（笑）。かずみんさん、どうです？　私、いい感じにシロちゃん育てられてますかね！

希望をくれたかずみんさん、制作にかかわった皆様、これまで私とかかわってくださった皆様、出来事すべてに感謝の気持ちでいっぱいです。

そして本書を手にとってくださった皆様、本当にありがとうございます！　皆様のハッピーを心から願っています！

Keycocco

（Prologue）あなたの願いは叶う……2
はじめに　keycocco……10

chapter 1

かずみんの「妄想し☆NIGHT」……14
〜今夜も、もやもや解決中！〜

Listner1 恋野フカミ……15
明るい妄想で楽しい現実を引き寄せましょう！……21

Listner2 叶江タイゾウ……37
幸せな気分にひたれる妄想は、全部叶います！……44

Listner3 尽士テルミ……56
「恋愛は幸せなもの」。この設定を間違えると大変！……61

Listner4 綺麗ナルヨ……75
欲しくない現実を見つめると、それが固定されますよ！……80

Listner5 安全マモル……93
自分の持ってる力を信じて、夢見ることを楽しんで！……98

chapter 2
かずみんの休日♪ ～主婦は悩みが多いよ～……110
よくない妄想はふと浮かんでも、心配いらないYO!……125
こどもに口やかましく言うより、そっと見守りましょう……126
旦那さんは、あなたの笑顔を見たいんです!……138
他人なんだから、人間関係がうまくいくなんて奇跡!……149

chapter 3
かずみんの新訳おとぎ噺①
新・デレラ姫……157
現実が辛くても、明るい未来を見つめ続けて!……171

chapter 4
かずみんの新訳おとぎ噺②
ピーチ太郎……181
ピーチ太郎のおばあさんは、幸福を引き寄せる天才!……191

(Epilogue) ある日のスタジオ……203
おわりに かずみん……207

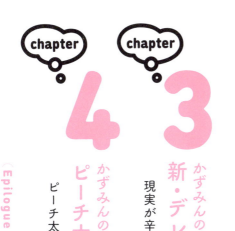

chapter 1

かずみんの「妄想し☆NIGHT」

～今夜も、もやもや解決中！～

ピッ
一人目の相談は
恋野フカミさん（29歳）です。
フムフム
私、婚約者がいるんですけど、先週、急に、「なかったことにしてほしい」と言われて…。悲しくて、
"死にたいです"
それはキビシイですね ちょっときちゃいますよね
そう!!
来ちゃってるんです
相談者のフカミさんどーぞっ
えーっ
来ちゃってるって?!
ガラッ
もくもく
ばっ
もっくもく
うわーん かずみんどうしよう…
私ねっ彼に捨てられて…
もー死にたいっ
破談に
なったんですね
そんなにハッキリ言わないで
キズつくから
もくもく
失礼しました。でも、どうして?
それが
わからないんです
大した理由もないのに破談になったと。
もくもく

だから
ハッキリ
言わないで!!
もくっ
もくっ
大阪生まれ
理由がわからないんです。
昨日、彼にカフェに呼び出されて、
突然、
『なかったことにしてほしい』って
もくっ
思い当たる節がない、と
理由がわからないからアレコレ考えちゃって…
もく もく
うわっ
この間のデートのとき
たこやきの最後の1個を
彼に聞かずに食べ
いけなかったのかも
私、たこ焼き大好き
クロちゃん
それとも…
彼の家に遊びに行ったとき、
義父様が
『お皿にサラダ!』
なんて言うから
とっさに私、
『なんでやねん!』って
お義父様を
どついちゃったんです…
ブツ ブツ ブツ ブツ
原因は…
あれかも〜…
あーもう、絶対そこじゃない…
くるっ
ここでちょっと解説を…
かずみんのクロちゃん
こっちはシロちゃん
フカミさんの背負っているものは、
『クロちゃん』です。
クロちゃんは誰の心にも棲んでいて、
『シロちゃん』と
合わせて100なんです。
クロちゃんは、
不安や怒り、心配
なんかを栄養にして、大きくなります。
クロちゃん
だからなるべくそんな
感情は与えずに、
飼いならすことが大事なんです!
もく もく もく もく もく
怖いよねー
ああっもうお先まっ暗っ
もくもく
死んでやるうううっっっ
だめでーっ
目をはなしたすきにっ
もーっ
フカミさんのクロちゃんで
スタジオいっぱいなんですケド!!
なかまいっぱーいっ

もく
もく
もく
もく
ごくっ
わかるでしょ〜?!
うん、きもちはね〜
彼のことが、そんなに好きだったの?
もちろん!!
どうにかして、復縁する方法はない?!
ムリよ
ムリムリ
復縁してハッピーになっている妄想をすればいいのかしら?
まぁ、それで復縁できる例もあるけれど…
なつかしいわ
経験者
起きてしまったことを、なかったことにはできないの。だから、
わかるわ〜
破談を"なかったこと"にはできないよ
そんなっもう…
うん
うん
消えてなくなりたいっ
フカミさんは、今彼にふられて人生が真っ暗に感じているのね。自分の存在を全否定されたような気持がして、生きているのが辛いのね
そうよ
フカミさん
そんなことないですよ
一人の男性に選ばれなかったというだけのことで、
地球には35億の男性がいるよ!
選び放題ですよ
うっ

長い目で見れば、『あー、そんなこと、あったねー』となつかしく思い出せるよ。
辛いのは今一瞬だけ
ふーッ
みたいダヨ
まー…そうかもしれないわよね
しゅううう…
え？本当に？
はい。本当です保証するわ
あ…
ときには落ち込んでもOKだけど、大事なのは、その後、どこに意識を向けるか
どこに意識を向けるか…
そう。意識を向けたものが、現実になるの
もっく
もく
もく
もく
私も昔、辛いことがあったけど、乗り越えたよ。その頃のクロちゃんは…埼玉県くらいの大きさになったよね…
いや!! そんなになってないよっ
※シロちゃんは家出して消息不明
辛いことを乗り越えてわかったのは、本気の恋の経験は、決してムダにはならないってこと
ぷしゅ〜〜っ
あ〜…
大好きな人と別れたとしても、
クロちゃんが小さくなってきた♡
あ♡

一緒に過ごした時間や、彼がくれた優しさは
無にはならないの
……。
「彼を好き」という気持ちは、
そのまま持っていていい
そこは『なかったこと』にしなくていい
ポンッ
あ!ソレ言っちゃうー
あ!フカミさんのシロちゃんだ!
遠くから
彼の幸せを望むことで、
うわぁ〜っ
自分にも…
また幸せがやってくるから
フワッ

あれ、なんかラク!!
フカミさんのシロちゃんがどんどん大きくなっていく!
よしっお守りにっ
フカミさんにこのお札をあげるっ
ぴしっ
一生懸命
ちゃんとしな
ひゃっ
キョンシーなつかしい!
ね!
カシャ
カシャッ カシャッ
シロちゃんを育てて、クロちゃんとも仲良くね!!
元気になったね
はいっ!
いっぱいとりましょ
カシャッ
10枚目

明るい妄想で楽しい現実を引き寄せましょう！

マンガ、楽しんでいただけましたか？　プチパニックでスタジオに飛び込んできたフカミさんですが、その気持ち、痛いほどわかりますよね。

大好きな人に、突然別れを告げられてしまう。

それは、この世界すべてから自分が拒絶されたような、何だかデッカいハンマーで頭を殴られたような、それほどに衝撃的で辛い出来事です。

好きな人にお別れを言われたとか、自分の望みとは違うことが起きたとき。

そんなときは、まず、「ツラい！　めっちゃ悲しい！」とその痛みを受け入れましょう。

「私が悪かったからなの」なんて、自分のことを責める必要はありません。

「彼は何も悪くないの」なんて、彼のことを守る必要もありません。

彼がどうのこうのじゃなくて、まずは自分をしっかり見てあげてください。

私達は、道端の雑草ではありませんよ！「痛い」と感じたときは、ちゃんと「痛い」と声を上げましょうね。そして、自分が受けた傷に気づかないふりをしないで、その痛みを感じてください。

いちばんいけないのが、傷の状態をしっかり見ようともせずに、大丈夫なふりをして過ごしてしまうこと。心がしょっちゅう「痛い、痛い」と声を上げているのに手当をしなければ、その傷の痛みはいつまでも長引いてしまいます。

そっと傷に触れてみて、「今は痛いんだけど、きっといつか癒えるよね」と思えるのか、「もう本当に、何をどうしたらいいかわからない」と思うのかで、〝手当〟の方法も変わってきます。

自分の感情が上げる声を聞いてみて

彼に自分の思いをぶつけたいのに、一方的に関係に終止符を打たれたことで、ぶつけることすらできない怒りや、やりきれなさを感じることもありますね。

「辛い」という悲しみ、「許せない」という怒りをまずは受け止め、

「辛いよね」

「ひどいよね」

「悲しかったよね」

と、どこまでも自分の味方をして、自分の気持ちに寄り添ってあげてください。

彼にぶつけることのできない思いが、怒りの矢印となって自分に向かってしまい、自分を責めてしまうこともあるかもしれません。

そんな「自分を責めてしまう自分」のことも、許してあげてください。

「だって、辛かったよね」

「だって、大好きだったもんね」

「こんなのないよね」

「でも、いっぱい頑張ったよね」

というふうに。

大丈夫じゃないのに大丈夫なフリはしないで、どんなときでも、自分の本当の感情

に気づいて、声を聞いてあげてくださいね。

クロちゃんはみんなの心に棲んでいる

では、ここで、「クロちゃん」のご紹介をしたいと思います。

クロちゃんはみんなの心の中に棲んでいて、ネガティブ感情を栄養にして育ちます。

クロちゃんの栄養分は恐れや不安、心配、現状維持システムなどなど。

「やっぱりダメだ」

「私には願いなんて叶えられないんだ」

「この先もずっと今の現実が続くんだ」

「現実を変えたいけど、なんか面倒だから……このままでいいや！」

あなたがこのような感情を持ちながら過ごしている時間が長ければ長いほど、クロちゃんはぐんぐん育っていってしまうんです。

そうしてクロちゃんがどんどん勢力を増すことになり、「やっぱり願いなんて叶えられないんだ」「今の現実は理想とは遠いけど、まあいっか！」というふうに、自分が望むものとは逆の方向に意識が向いてしまいます。

「それならクロちゃんなんていらない！」という皆さんの声が聞こえますが、クロちゃんを心から追い出すことはできないんです。

フカミさんは今、失恋の痛みから、「望まない現実クロちゃん」が大きくなってしまっているようですね。

フカミさんのクロちゃんと、かずみんのクロちゃんも、マンガの中で意気投合しています。こんなふうに、誰の心にも、クロちゃんは存在しているんです。

現実は、自分に都合よくつくれちゃう

人は起きた出来事を、事実以上に「悲しい出来事」に仕立ててあげてしまうことがあります。
フカミさんも、「彼に別れを告げられた」という出来事を
「私が最後の1個のたこ焼きを食べちゃったからだ」
「私が彼のお義父さんのおやじギャグを笑わなかったからだ」

と自分に原因があるんだとあれこれ考えてしまっています。

たとえ彼が「仕事が忙しいから」という理由で別れを告げたとしても、「嘘！　本当は、他に好きな人ができたんだわ！」と勝手に決めつけてしまったり、「仕事を理由に別れるなんて、ないない！　ありえない！」なんて、自分の中にある常識を押しつけてしまったりするんですよね。

真実は、彼にしかわかりません。

彼が「他に好きな人ができたんだ」と言ったとしても、本当は家族の事情かもしれないし、健康上の理由かもしれません。

わかることは、今彼があなたとお付き合いできなくなってしまった、何らかの「理由」があるということだけなんです。

その理由を何とか知ろうとしても、知ったところでどうにもなりません。

彼に何らかの事情があったとしても、その事情を何とかするのは彼であり、あなたではないんです。

事実はひとつ。**自分が見る現実は、自分の都合がよいようにも、悪いようにも、い**

くらでもつくれるということ。

彼にフラれた、というのはつまり、一人の男性に今あなたとお付き合いできないなんちゃらかんちゃらの理由がある、というだけのことなんです。

ほら！　一人の人にフラれたとしても、世界中の35億人の男性があなたのことを待っていますよ！（結婚している男性やこどもの人口など、細かいことはとりあえず置いておきましょうね！）

自分の気持ちに寄り添って傷の手当を

ええ、わかります。

たった一人といえど、それはあなたが大好きな人。

先ほどもお話ししたように、落ち込むときは落ち込んでいいんです。

私も十数年前、お付き合いしていた彼にいきなりフラれたことがありました。

昨日まで、普通に笑っていたのに。次の約束だってしていたのに。

「何で」

「私が何かしたの」

「他に好きな人ができたの」

「私のことを嫌いになったの」

「こんなことなら、私からフってやればよかった」

「でも、どこかでこんな日が来るような気がしてた」

なんて、傷ついた心を守るために、それまで思ってもいなかったような感情が湧いてきます。

「私がダメだったからだ」

「彼のことなんて、嫌いになってやる」

「もう二度と恋なんてできない」

ほらほらほら。自分を責め、彼のことも責め、悲しい未来しか見えていない。

私のクロちゃんも、埼玉県ほどの大きさまで育っていたことでしょう。

埼玉県並みのクロちゃんを背負いながら泣くだけ泣いて、暴れるだけ暴れて、自分の感情を出し切ったあとに出てきたのは、「まだ彼のことが好き」という感情でした。

今まで彼と一緒に過ごした時間や、つまらないことで笑い転げた毎日。それがあまりにも幸せな思い出で、彼に対して感謝の気持ちがあふれてきたんです。

きっと、彼と私のどちらかが悪いわけじゃなくて、ただ別れの「そのとき」がやってきただけ。

だけど、幸せだった時間が長ければ長いほど、今の現実が辛くなる。

そんなときは、泣く。とにかく泣く。ふて寝したいときはふて寝する。甘いものを食べたいときは食べる。

自分の感情をしっかりと感じることで、その思いは「浄化」されていきます。そうして自分の気持ちに寄り添うことが〝傷の手当〟です。

著書『妄想は現実になる』の中でも書いていますが、フラれた事実を受け入れ、彼の幸せを願いはじめることができた頃、彼から「もう一度やり直したい」と連絡がきました。

埼玉県並みだったクロちゃんが小さくなり、幸せな未来を見つめるシロちゃんが大きく育ったからですね！

おっと！急に「シロちゃん」が出て来ましたよ！

そうです。皆さんが思った通り、シロちゃんはクロちゃんの真逆の存在。

シロちゃんは
「ワクワク感」

「ホッとする安心感」

「今ある幸せに気づく」

「自分の周りにある愛に気づく」

「未来を夢見る気持ち」

これらの思考や行動を与えていくことで、ぐんぐん育ちます。

シロちゃんとクロちゃんは、合わせて100

シロちゃんとクロちゃんのパワーは、どんなときでも必ず、合わせて100になります。

つまり、シロちゃんのパワーが80のときは、クロちゃんは20。

クロちゃんのパワーが80のときは、シロちゃんは20になります。

そして、心の中を占めているシロちゃんやクロちゃんが、「自分の現実」をつくっていきます。

シロちゃんパワーが80のときは、シロちゃんに与えたポジティブな感情が80％の確率で現実化し、クロちゃんパワーが80のときは、クロちゃんに与えたネガティブな感情が80％の確率で現実化します。

シロちゃんが大きく育っていけば、ワクワクを感じられるような楽しい出来事が次々と起き、幸福感や安心感に包まれる日々がやってきます。また、自分を取り巻く世界も優しいものに変わっていきます。

クロちゃんが大きく育っていくと、恐れや不安が具現化し、何をしてもうまくいかないように感じたり、不満ばかり抱えて生きていく毎日になっていきます。

幸せを感じる時間が長いと、よい出来事が起こる

ここで重要なのは、シロちゃんパワーが80の人も、クロちゃんパワーが80の人も、「起きている出来事はそれほど変わらない」ということです。

重要なので、もう一度書きますが、「自分が意識を向けているもの」が自分の現実をつくっていくのでしたね。

「仕事のミスをした！」という出来事があったとします。そんなとき、シロちゃんパワー80の人は「ミスはしてしまったけど、これから先は気をつけるし、しっかり仕事を覚えることができるな！」と捉えることができます（もちろん、多少は落ち込むこともあるでしょうけど、それでOKです！）。

ところが、クロちゃんパワー80の人は、「やっぱり自分はダメダメダメ人間だ」と落ち込んでしまいます。

すごくいい天気の日も、シロちゃんパワー80の人は「うわー、青空がきれい！」なんて空の美しさに感激しますが、クロちゃんパワー80の人は「もー！　暑い！」だの「日焼けするー！」なんて、文句ばっかり言っちゃったりします。

同じ出来事が起きても、シロちゃんパワーが強い人は普段から「幸せ」を感じている時間が長いために、「幸せ」だと感じる出来事が起きるし、そうでもない出来事だって「幸せ」に変化しちゃうのです。

クロちゃんパワーが強い人は普段から「不満」を感じている時間が長いために、「不満」を感じる出来事が起きるし、そうでもない出来事だって「不満」に変化しちゃうのです。

大事なのは「どんな出来事が起きるか」ではなく、起きた出来事を通して「自分がどう感じるか」。

自分が見たいものに意識を向けて過ごし、感じたい感情を積極的に感じていく時間を増やすことで、自分の捉え方が変わり、世界そのものが変わったように感じるんです。

イメージしてみてくださいね。

あなたの心の中にも、シロちゃんとクロちゃんがいます。

シロちゃんは、幸せを感じている時間が長いほど育ちます。

クロちゃんは、不満や、望まない未来を見つめ続けるほど育ちます。

さあ！　あなたはシロちゃんとクロちゃんのどちらを育てていますか？

「クロちゃんかな……」と感じた方も、大丈夫！　心配はいりません！

私が彼にお別れを言われてどん底まで落ちたときも、クロちゃんのネガティブ感情をしっかり見つめたからこそ、彼への感謝の気持ちや、「今まであった幸せは当たり前のことじゃなかった」という思いに気づくことができました。

ネガティブなクロちゃんがいるからこそ、それをパワーに変えることもできる。

自分の中のクロちゃんに気づいたからこそ、幸せを見つめることができる。

クロちゃんは決して自分をいじめるために存在しているわけではなく、自分の本当の望みを教えてくれる心強い存在です。

というわけで、今回のかずみんのアシスタントは、クロちゃんにお任せしていますよ！

ただ恐れや不安という栄養を与え続けることでクロちゃんが大きく育ち、せっかくの願いを取り下げてしまったり、現状維持のまま過ごしてしまうのは、ちょっぴりもったいないですよ。

暗闇を体験したからこそ、光の存在に気づくことができます。

クロちゃんに振り回されて、望まない現実をつくってしまうのか。

それとも、クロちゃんを強力な応援団に変えて、幸せな未来をつくるのか。

どちらを選ぶのか、あなたは決めることができます。

笑っている未来を信じて!

彼に別れを告げられたとしても、一緒に過ごした時間や彼がくれた優しさが、なかったことになるわけではありません。

あなたが彼のことを「好き」だと思う気持ちも、無理に消す必要はないんです。

大事にするべきなのは、「彼がどうした」ではなくて、いつだって自分の思い。

彼への「好き」だという気持ち。

大好きな彼がこの先も、一秒でも長く笑って、幸せでいて欲しい、と思うあたたかな気持ち。

そしてあなた自身が「こんな未来になったらいいな」と信じる気持ち。

これらを、大切に大切に心の中で温めていてください。

フカミさんも彼へのあたたかい気持ちに気づいたことで、クロちゃんも徐々に小さくなり、「幸せな時間をありがとう」という思いでいっぱいのシロちゃんが育ってきました。

「今」はすごく辛くても、すごく辛い「今」がずっと続くわけではありません。

5秒後……はさすがにまだ心が泣いているでしょうが、5日後は？　まだ辛いとしても、5ヶ月後は？　5年後は？

笑っている自分がいる未来を、信じてくださいね。

Listner2 叶江タイゾウ

タイゾウさんはどうなりたいんですか？
えっとー…もっと有名になって…
ビックになりたいってゆーか。
武道館いっぱいにしたり
雑誌の表紙になったりっスカね…
もや
もや
もや
もや
あーこのタイプね♡
『有名になりたい』、というのが願い？
そういえば、そうかな
それなら、バンドじゃなくてもいいじゃない
え？いや、ま、そうだけど…でも、ずっとバンドやってきたから、バンドとして有名になりたいっていうか…
もや
もや
もや
LOCK'N ON JAPAN
COLA
音楽が好きなの？
うん、音楽で人に伝えたいんだ…
それなら、別に有名にならなくてもいいじゃないYouTubeでも、ストリートライブでも、伝えられるよ
言うなよ！
もや
もや もや
もやっ
もやっ
もや

でもさっ オレの夢は でっかいんだよっ
や、ホラ…YouTubeやストリートライブなんて…
もや
そんなちっさくない
ごあっ
もや
叶ってるじゃん その夢
え!?
そーゆーこと言うなよ かずみんっ!!
もや
夢を語るのが好きなんだね
もや
もや
タイゾウさんがなりたいのは
ナルシストなクロちゃんだなぁ~
夢を語っている自分 だよ
だから その夢が 叶ってるんだよ
そりゃ… たしかに…
ビックな夢を見るのは好きだけど
もや
もや
叶ってたのか~~
ただ、夢を見ているだけじゃ…
ぐしゃっ
ガクッ
本当にどうなりたいの? なりたいもの すべてあげてみて!
うん
うん
うーん… なりたいもの…
かずみんの妄想により、シロちゃんの『あほなるビーム』をタイゾウさんにお届けしまーす!
ポンッ
ビビビビビ~
!?
そーれ! ちょっとあほになるパワー!

爆発的な!!
ヒット曲を出したいな
紅白に出たり
記者会見なんかで
報道陣いっぱいで
フラッシュいっぱい浴びて
東京ドームで
ライブやって!!
みんな〜
おまたせ、
キャー
女の子に
キャー キャー
言われて
美人な彼女がいて
その調子!
その調子!
なんかいっぱい出てきたけど
それぞれの夢を
一つずつ、
具体的に妄想
してみて
タイゾウさんが
『あぁ、コレ、
"一番楽しい"』
って感じたものが願い
それを目指せば
いーんじゃない
妄想の中に
おじゃましますよ!
まず、
バンドで大ヒット
したところを
具体的に
妄想してみて
…。
5千万枚突破!!
キミのヒミに愛してる
初回限定版
ドラマ主題歌
オリコン1位!!
CMソング決定!
どんな感じょ?
めっちゃ
楽しいっす
あ、いいかも
なぁ…。
よしっ
次は…

紅白、初出場!!
紅白歌合戦
でたよ〜♡
お母さーん
パチパチ
パチパチ
たこっ楽しすぎます!
記者会見で報道陣のフラッシュ
キミのヒトミに愛してる♡
キミのヒトミに愛してる♡
タイゾウさん!!今のお気持ちを!!
おめでとうございます!
コメントお願いいたします!!!
うひょ
ドームでライブ!
女の子がキャーキャー♡
タイゾー♡
キャー♡
あいしてるー♡
キミの〜〜ヒトミに〜♪
キャー♡
キャー♡
タイゾー♡
あいしてるー
TAIZO
キャー♡
タイゾー♡
あいしてるー♡
キャー♡
えっへへ〜〜
私ね、タイゾウが好きだよ♡
それ、僕が先に言おうとしたのに…
で、はい!
『美人な彼女』
アレ?タイゾウさん?
ブハッ

どれが一番幸せだった…？
わかんないっす
どゆこと？
ちょっ…
ブハッ
ヤバイっすっ とくに最後の どれも気持ちいい♡
ブハッ
そう、じゃ、全部叶えちゃえば いーじゃん!!
え？ そんなことできるの？
できるよー！だって 叶えられないことは 思いつかないんだから
でも…
だよなぁ
そうだよなぁ
そう思ってきたけど どうにもならないから 悩んでるんだよ…
でたな！
ビリッッ
おじゃまします よっ
はいそこっ いらん思考!!
ビビッ
←ハンズフリー
現実は見なくていーのっ
今の思考が これからの未来をつくるの!!
全部叶った未来を想像して!!
わくわくにやにやして過ごせば その感情が『ありえない現実』を連れてくるの！
さ！タイゾウさん、夢がすべて叶った自分を 妄想して!!
はっ ハイッ

あ きてくれたの
きたよ タイゾウ
TAIZO
ON AIR
これ！ めっちゃいいっすね！
うんうん
でしょ
ちょとだけあほになって
現実を忘れて願いが叶った自分で世界を見ると
はなぢふきながら
普段の日常で見えていた景色が変わってくるよ
よーしっ
タイゾウさんにはハイッこのお札っ
ひゃ～!?
ぴしっ
ちょっとあほになれ～
現実に目が向いて、下を向きそうになったら『ちょっとあほになろう』を思い出して!!
じゃ、がんばって!!
はい！

幸せな気分にひたれる妄想は、全部叶います！

ドリームズ・カム・トゥルー!!

あ！ つい興奮してしまいました！

夢が叶った妄想って、本当に楽しいですよね！

見事に自分の夢を見つけたタイゾウさんですが、皆さんの周りにもいますよね！

なんとなく漠然と「幸せになりたい」「お金持ちになりたい」ばかり言っている人！

「幸せになりたい」「お金持ちになりたい」と口にする人は多いけれど、ただ言っているだけでは、クロちゃんが育っていくばかりです。

ええっ!?　どうしてかって？

「幸せになりたい」には、「今は幸せじゃない」という思いがにじみ出てしまうために、

「幸せになりたいと思い続ける日々」が、これからも叶い続けるんです。

タイゾウさんも、「夢を語り続ける日々」が現実になっていましたね。

はじめにタイゾウさんが話していた夢は「もっと有名になりたい」「ビッグになりたい」「武道館をいっぱいにしたい」「雑誌の表紙を飾りたい」でしたが、どれもピンときていない様子でしたね。

「有名になりたい」と言っても、有名ってなに？　ビッグってなに？　とわからなくなってしまい、タイゾウさんは「本当の願いがわからない迷子クロちゃん」を育てていたようです。

本当はどうなりたいの？

「幸せになりたい」

「お金持ちになりたい」

「売れっ子妄想主婦になりたい」

おっと！　最後の願望は完全に私のものですが、「こんなふうになりたい」と夢見ることを否定しているわけではないんです。

ただ、「幸せになりたい」「お金が欲しい」と、なんとなく夢を描くのではなくて、**「自分にとっての幸せは何か」「お金持ちになって、自分がどんな生活を送りたいのか」をちゃんと知ることからはじめましょう。**

ワクワクしないのに「この願いさえ叶えば幸せでしょ」と結婚を夢見たり、宝くじが当たることを願うだけでは、「本当の願いがわからない迷子クロちゃん」がムクムクと大きくなるばかりです。

「結婚」という夢が叶っても、愛もお金もない日々が続いたら？　……それは、幸せとは言えませんね。

「宝くじが当たる」という夢が叶っても、お金があっというまになくなり、友人も失うようなことになったら？　……幸せどころか、悲劇になってしまいますね。

夢が叶って、どんな感情を味わいたい？

あなたが望むものが「結婚」であるなら、結婚したその先にある幸せを妄想してください。毎朝起きたときに「おはよう」と言ってくれる人がいる幸せ。ちょっとした失敗も、笑って聞いてくれる人がいる幸せ。困ったことが起きても「大丈夫だから」と支えになってくれる人がいる幸せ。そしていつか家族が増えて、小さな宝物を守っていく幸せ。

一言で「結婚」と言っても、そこにはさまざまな種類の幸せがあります。「結婚したら愛し愛されて、幸せな毎日で……」となんとなく思い浮かべるのではなくて、自分にとっての「愛」ってなに？「幸せ」ってなに？と自分にインタビューしていきましょう。**はいそこ！めんどくさーとか言わない！**

彼がつくってくれた料理を食べたいな、と思う人もいれば、自分が料理をつくって、それをおいしそうに食べてくれる彼の姿に幸せを感じる人もいます。

毎晩、彼の腕の中に包まれながら眠りたい人もいれば、手をつないで眠りたい人もいます（もちろん寝るときぐらいはのびのびと大の字で眠りたい人もいます）。

今までは駅でさよならしていたけど、これからは毎日同じ家に帰れる幸せもあるし、仕事から帰ってきた彼を「おかえり」と出迎える喜びもあります。

「叶った先の世界で、自分がどんな感情を味わいたいのか」を知ることが大切ですよ。

他人の意見なんて聞かなくていいんです！

夢が叶うかどうかは、「その夢を妄想したときに、どれだけ興奮できるか」がポイントになります。

願いが大きいか小さいか。常識的か非常識か。叶いそうか叶いそうもないか。

そんなことは、どうーーーーーーーでもいいんです。

その願いに対する「にやにや」や「ワクワク」や「ウキウキ」が本物だったとき、3つどころか、いくつも願いを叶えてくれる魔法のランプだって現れるし、フェアリー・ゴッドマザー（ディズニー映画「シンデレラ」に登場する魔法使いの妖精）だって力を与えてくれるし、神様だって応援してくれるし、とにかくもう宇宙総出のとんでもない力で願いは叶うんです。

まずは、妄想してみましょう。

スマホだって、あなたのお気に入りのあの映画だって、東京スカイツリーだって、誰かの「こんなものがあったら面白いよな」というワクワクする妄想からはじまっているんです。妄想を形にする力は、誰でも持っているんです。

夢に、正解も不正解もありません。不正解があるとしたら、それは「自分がにやにやしない夢」です。

夢を思い描いたとき、「これならできそうだけど、妄想してもあんまり楽しくないぞ……」という場合は、その夢を採用する必要はありません。

タイゾウさんが心からワクワクできたのは「紅白」に「ドームでコンサート」に「美人すぎる彼女」。

人は、「夢ばっかり見てないで現実を見ろよ」なんて笑うかもしれません。

だけど、それがどうした、なんです。**夢を見るときに、他人の声を聞く必要など一切ありません。**自分の人生を生きるのは、夢を笑ったアイツではなく、あなたですからね！「これでいい」じゃなくて、「これがいい」を選んでください。

それに、宇宙は「この願いは叶えたから、他の願いはだめ」なんてケチくさいことは言いません。現実化するのは「願い」ではなくて「思い」です。

「好きな場所で好きなことをして楽しく暮らすんだー♪」と思っていれば、宇宙は「はい了解！」と「好きな場所で好きなことをして楽しく暮らす」という現実を連れてきてくれるし、「どうせ願いなんて叶わないよな」と思っていれば、「はい了解！」と、「どうせ願いなんて叶わない」現実を連れてきてくれます。

「欲張りすぎかな」、なんて余計な思考はいりません。

全部叶えちゃいましょう。

どんな世界で生きていくかは、自分で選べます

どんな願いであっても、自分の頭に思い浮かんだ瞬間、その「願いが叶った世界」はもうすでに、この宇宙のどこかに存在しています。

「願いが叶った世界」を自分の元に呼び寄せるには、今、「願いが叶った自分」と同じ気持ちで生活していくこと。

「願いが叶った自分」と「今の自分」の周波数が合えば、願いを叶えた世界が、今の自分に重なってきます。

「願いを叶えた自分はにやにやしているだろうな」と思ったら、にやにやして過ごす時間を増やす。

「願いを叶えた自分は、いつも笑顔で『ありがとう』と言っているだろうな」と思ったら、笑顔で「ありがとう」と言う機会を増やす。

それだけでいいんです。

だけど、頭に思い浮かんでいる世界は一つだけではないですね。

「仕事で大成功してお金持ち」という「こうなったらいいな」と思う世界もあれば、「今よりお金がなくなってしまう」という「こんなふうになりたくない」と思う世界がふと頭に浮かぶこともあります。

世界（可能性、と言い換えることもできますね）は無数にあります。その中からどの世界を生きていくかは、自分が選べるんです。

「どうせ何も変わらないんだろうな」「私の人生なんて、どうせパッとしない」

そんなふうに思ってしまっている方は、「どうせどうせクロちゃん」が育ってしまっていますよ！　そう思っていると、「何も変わらない世界」「どうせパッとしない人生」を選んでいることになるんです。恐ろしいですね！

「今よりお金がなくなってしまった世界」の自分は、しょっちゅう「お金がない」と口にして、「欲しい欲しい」と無い物ねだりをし、せっかくお金が入ってきても「またお金がなくなったらどうしよう」と不安を抱え続けていることでしょう。

もしも今あなたが「お金がない」と口にして、「欲しい欲しい」と無い物ねだりをし、せっかくお金が入ってきても「またお金がなくなったらどうしよう」と不安を感じているなら、それは「今よりお金がなくなってしまった世界」を選んでいることになるんです。

私もこの「お金がない世界」に住んでいたのでわかります。望んでいないのに、現実を見て「きっとこの先もこうなるんだ」と決めつけてしまうんですよね。

そんなときは、**「現実は自分がつくっている」ことを思い出してください。**

望む方向に意識を向けて、シロちゃんを育てよう！

「これから」には、「過去」も「現実」も関係ありません。今までが望む現実じゃなかったのは、自分が「そうなるんだろうな」と思い込んでしまっていただけ。「これから」は、いくらでも変えられます。

今、「最上級に幸せな私」を妄想してみてください。

「最上級に幸せな私」は、どんな毎日を過ごしていますか？

「妄想できる」＝「頭に思い浮かべることができる」ということは、もう「ある」と同じなんです。

それはまだ現実には現れていないし、体験もしていないから「ない」と感じてしまうけど、叶った世界はもうすでにあるんです。

幸せな未来を夢見るシロちゃんが育っていけば、幸せな未来との周波数ががっちり合い、幸せな世界がやってきます。

望まない未来を採用するクロちゃんが育っていけば、望まない未来との周波数ががっちり合ってしまって、望まない世界がやってきます。

幸せな世界と望まない世界が同時にやってくることはありません。シロちゃんとクロちゃんは、綱引きをしているようなイメージです。ムクムク大きく育ったほうが、「よいしょ」とそれぞれに見合った世界を連れてきます。

「望むほう」に意識を向けてシロちゃんが育っていくことで、望む世界はぐんぐん近づいてくるんです。

望む世界にいる自分は、「きっとよく笑っていて余裕があるんだろうな」と感じたら、今「よく笑っていて余裕がある自分」になる。その瞬間、世界（未来）が変わるんです。

自分が見たい景色を、自分でつくる！

タイゾウさんは夢を妄想しているとき、妄想の中の自分に乗り移っていました。

それだけで、妄想は現実になります。妄想しながら感じている「ワクワク」「ドキドキ」「にやにや」「きゅーん」の感情は、現実になるんです。

さあ！　「叶えた私」はどんな景色を見ていますか？　「どんな景色が見れるんだろう」じゃなくて、自分が見たい景色を自分でつくりましょう。

海が見える家に住んでいる自分。夜景が綺麗なマンションで暮らしている自分。ホテルのラウンジでお茶している自分。海外を生き生きと飛び回っている自分。好きな人と浴衣デートをしている自分。健康な体に自信を持っている自分。大切な人達と一緒に笑っている自分。


無数にある世界の中から「最上級に幸せな私」を選ぶことで、「最上級に幸せな私」に周波数が合い、今の現実が「最上級に幸せな私」の世界になっていくんです。


あなたの夢も願いも、妄想して幸せな気分になるなら、それは全部叶うという証拠です。

では、先に言っておきます。

本当に良かったですね！　おめでとうございます！

ドリームズ・カム・トゥルー!!

次のお悩みは～
ピッ
お電話つながってまーす
『彼氏が定職についてくれない』
尽士《つくし》テルミさん32歳です
はーい
かずみんです
キレイなヒトだねぇ～
彼氏は、フリーターなの？
俳優の卵なんです。アルバイトしながらお芝居やってる感じで…
テルミさんは働いてるの？
私は金融関係で働いてます
こうみえてお堅い仕事なんです。
じゃ、テルミさんのほうが収入は安定しているのね
そうなんですぅ
デート代もいつも私が払って
それが不満というワケではないんですけど…
毎回だとさすがに…
『私、なにやってるんだろう』って考えることもあって…
もや
もや
もや
もや
もや
もや
それで…彼は感謝してくれてるの？
あ、なんかもう…
私が支払うのがあたりまえになっちゃって…
もや
もや もや
もや
もやっ
もや
…
…テルミさん
さぁ…

もや
もや
お金を貸したりはしてないでしょうね…？
ドキッ
え…あ…
…いくら貸してるの？
それ聞く～？
もや
もや
全部で30万
あ、いや…50万かなぁ…
それは、たぶん…
返ってこないよ
ぬっ
うんうん
あ、べ…べつに…
別に返してもらわなくてもいいんです!!
そーよ!! そーよ!!
もや
結婚すればどっちのお金とか関係ないしっ!!
もや
もや
もや
もや
結婚の約束をしてるの？
ハッキリしたわけじゃないけど…
もや
カレにはテルミが必要なんだもんね!!
もや
もや
彼のことを理解できるのは私しかいないし…
ギュッ
いつか幸せにしてもらえると
もや
ちょーがんばってるもんね!!
いっぱい苦労したもんね
もや
はい
ポッ
いろいろ彼のためにつくしてきたもんね!!
もや
もや
もや
…
…悪いけど、
『この苦労がいつか報われる』なんてのは…
幻想よ
ちょっとキツくて
ゴメンね

え
…何言ってんの?!
もや もや
もや もや
他人は変えられない
もや もや
ズバっ ズバっ
ねえコレ
おなやみそうだんよね?
もや もや
あなたは、『つくしてる自分』が好きなの
『私がいなきゃダメ』って思いたいの
だいじょーぶ?
がんばっている自らは責めないでね
『彼はいつか変わってくれるんじゃないかな』
『自分と結婚して、大切にしてくれるはず』
なんて勝手な幻想
あなたは…
彼を助けることに自分の存在価値を見出してるの
それはあなたが勝手にやっていること
もく もく
そうよっ 私がいなくちゃじゃん!!
かずみんのいじわる
え〜? でも彼は… 私がいないと…っっ
もく もや もく もや
まだ言ってるの? 自分の幸せをよく考えてみて
テルミさんにとって幸せな恋愛の妄想をしてみて!!
あ…!?
そーれ あほなるビ〜ム
ビビ ビビビビ

テルミさんの妄想
カンパイ！ こーゆーところ、好きかなって
え？ 私のために？
うん！
キミと二人きりで来たかったんだ
うれしい♡
そっ
テルミ、左手を出して
え？なに？
よし!! コレでOK！ ピッタリ
時計似合うじゃん プレゼント
これって？
あ、ありがとう…
ねぇ…
ん？
ボクがさ… テルミのこと
一生守ってくから…
もう、がんばらなくていーよ

ポワン
あぁ…なんだか
楽しい…
ビリッ
でしょ？
楽しいほうを選べば、
楽しいことがやってくる！
今を楽しめば
また楽しいことがやってくるよ！
ビリリッ
あぁ…でも…
私がいないと
彼はどうするんだろう
彼は彼なりの人生なの。
それなりにやってくから
大丈夫よ
や♡
え？なんでかずみんがここに？！
それはね…
がんばった
テルミさんに♡
コレコレ♡
ひゃっ
これを
貼るためだよ♡
きつく言ってゴメンね♡
かずみん
好き〜♡

「恋愛は幸せなもの」。この設定を間違えると大変！

見直そう　料金プランと　恋愛設定

あっと！　心の俳句が出ちゃいましたよ！

俳句のデキはひとまず置いておくとして、実はとってもお得になるかもしれないスマホの料金プラン、ぜひ一度見直してみてくださいね！

……え？　スマホの料金プランの話は広げなくてもいいって？

そうでした！　恋愛設定の話のほうですね！

現実になっていくのは、「自分が欲しいもの」ではなくて、「自分の中にあるもの」です。

「優しい彼と素敵な恋愛がしたい」と願っていても、「恋愛は辛く苦しいもの」「幸せな恋愛は、頑張らないと手に入らないもの」という思いが深ければ、現実に反映されるのはそちらの思いなんです。自分の中に「愛は頑張らないと与えられないもの」といった設定があると、宇宙はその通りの現実をプレゼントしてくれるんです。

でも、**「恋愛は幸せなもの」です。**

もちろん、恋愛しているから幸せ、恋愛していないから幸せじゃない、ということを言いたいわけではありません。

だけど、もしも誰かを好きになったとき。

好きな人と目が合っただけでその日一日がハッピーになる、あの感じ。

好きな人の声が聞こえただけで、何度も頭の中で彼の声を再生してしまう、あの感じ。

誰かのことを好きになる、それだけで日々の生活が輝きはじめるから、好きな人が同じように自分のことを好きでいてくれたとしたら、それは、やはりとっても幸せなことだと思うのです。

それなのに……あれ？　テルミさんは、幸せそうではありませんね。

テルミさんの心には、「頑張れば愛してくれるはずクロちゃん」が育っていたようです。

「頑張ったら愛される」なんて、思ってない？

テルミさんは、「頑張っていたら、私はきっと愛される」という思いが強かったために、その通りに「頑張り続けなきゃいけない」現実が繰り返されています。

「彼は私がいないとダメなの」と思っていると、「私がいないとダメな彼」が現実に現れます。

「彼のために何かをしてあげたい」「つくしたい」という思いが強いと、その願いを叶えるために、彼がどんどん「どうしようもない人」に変化してしまうんです。

まあ怖い！

だけど、「頑張る」って？

好きな人のために何かをするという行為は、本来、とても幸せなことですね。

「こういうの好きかな」と思いながら、彼にちょっとしたプレゼントを買ったり、「彼、こんな料理が好みかな」と思いながら料理をする。

彼のためにつくすことが本当に自分の喜びになっていたら、「…ん？　なんかおかしいぞ？」という気持ちは生まれません。

「なんか私、辛いかも」という思いが生まれたということは、

「彼に必要とされるために」

「彼の愛を獲得するために」

無理して、頑張ってしまっているのかもしれません。

愛は、自己犠牲の上に成り立つものでもなければ、頑張ったご褒美としてプレゼントされるものでもありません。

「自分が我慢して彼につくしていたら、きっといつか彼も変わってくれるはず」

あなたはそう思いながら、せっせと彼を、必死こいてつくさなきゃいけないような男に育ててしまい、そうして世界は、「あなたがつくし続けなきゃいけない日々」を叶え続けてくれるんです。

「男性は私を傷つける」「男性は怖い」と思っていると、「私を傷つける男性」や「怖い男性」が現実に現れます。

この恐ろしいところは、自分が相手に対して「あなたも私のことを傷つけるんでしょ」「あなたも怖い人なんでしょ」という「設定メガネ」を通して接してしまうと、その男性が本当はそうじゃなかったのに、いつのまにか「私を傷つける人」に変身させてしまう、ということなんです。

人はそれぞれ違う「設定メガネ」をかけている

……「設定メガネ」ってなにー!? 急に怪しげなアイテムが登場してしまいましたね。

人は、自分の「設定」を通して世界を見ています。「設定」とは、自分の中にある深い「思い込み」や「固定観念」のことです。

「恋愛」「男性」「お金」「人生」「自分」すべてのものに、人それぞれの設定メガネが存在しています。

生まれたときはみんな、設定メガネはピカピカの透明です。起きた出来事をその通りに受け止め、綺麗なものは綺麗だと感じるし、楽しいときは楽しいと素直に感じる心を持っています。

ところが、生まれてからいろいろなことを体験していく中で、その人だけの設定メガネをかけるようになるんです。

例えば、「海」を見たとき。

「海って楽しいもの」という設定メガネをかけている人は、

海＝「綺麗」「楽しい」「青春」「いええええい！　夏休みー!!」

こんな言葉が浮かぶことでしょう。

ですが、「海は怖いもの」という設定メガネをかけている人は、

海＝「怖い」「暗い」「中に何がいるかわからないから恐怖」

そんなふうに感じる人もいます。

同じ「海」を見ても、見る人によって感じ方や捉え方は違うんですね。

海に対する感じ方が人によって変わるのは、生まれてから体験していることが、人によってまったく違うから。

海に対してよいイメージが強い人は、実際に海に行って楽しかった経験が多かったり、テレビなどで見た綺麗な海の映像が、強く印象に残っているのでしょう。映画やドラマで見た、海辺での素敵なラブシーンが記憶に残っている人も、いるかもしれませんね。

反対に、海に対してよくないイメージが強い人は、海で怖い思いをしたり、「海は恐ろしい」というイメージの映画が、心に深くインプットされているのかもしれません。

ちなみに私の父と母が初デートで観に行った映画は「ジョーズ」でした。どうでもいい情報ですね！

自分で選んだ世界が現実になるんです！

「海」と同じように、「恋愛」や「男性」も、人によって捉え方がまったく違うんです。はたから見たら充分綺麗で魅力的なのに、なぜか自己評価が低く、彼氏はお金にだらしない人だったり、浮気性だったり、いつも幸せそうな恋愛をしていない。そんな人、周りにいますよね。そう、テルミさんのように。

宇宙は、本当に融通がきかないんです。

誰かが「私は幸せな恋愛ができない」と思っていれば、宇宙は「はい了解！」と「幸せじゃない恋愛」をその人の現実にぶっ込んでくれます。

本当はみんな幸せな恋愛がしたいと願っているはずなのに、「私は幸せな恋愛ができない」だとか「男性は私を傷つける」だとか、「願いとは違う思い」を大事に心に抱えてしまい、「この先の未来もこうなるんだ」と、その思いを採用してしまう。

本当のあなたは「幸せに生きていきたい」んです。幸せでいたいのに、望んでもいない情報を受け入れ、その通りの現実を選んできてしまったんです。


ここで少し、私の話をさせてください。

私は中学時代、あだ名が「ハニワ」でした。

いえいえ、いじめられていたわけではないんですよ！　私はハニワな自分をなかなか気に入っています。そして、私の父は、幼い頃から私の容姿をベタ褒めし、あるときには「観月ありさちゃんと並ぶくらいや」とまで言っていました。

ああごめんなさいごめんなさい。ただ**父には「うちの娘は観月ありさ設定メガネ」がかかっていたから、そう見えただけなんです。**

父の優しく、私にとってはとても嬉しかった言葉のおかげで、観月ありさちゃんとは思わないまでも、私は可愛いハニワ。ハニワ界で一番の美女を目指してるの……！

そんな設定は私の妄想にも採用され、やたら自己評価が高いハニワとなって恋愛妄想を楽しんでいたのです。

すると、**あら大変。妄想通りに現実が進んでいくのです。**今までお付き合いした男性は、不思議なほどに私のことを溺愛してくれました。ハニワなのに。父のように「うちの彼女は観月ありさ設定メガネ」がかかっていたんでしょうか。ハニワなのに。

いえ、「不思議なほどに」と書きましたが、不思議でも何でもないんです。

私にとって強い影響力を持っていた父の言葉のおかげで、私は「男性は優しいもの」「恋愛は幸せなもの」「私は可愛い（ハニワにしては）」という世界をせっせと自分の頭の中につくり上げていました。そして、その思いを本当のものにするために、優しい男性が現れ、好きな人に大切にされるという現実がやってきました。

この宇宙で、無限にある世界の中から、私は妄想をすることで「優しい男性に愛され、幸せな恋愛をする」世界を無意識のうちに選び続けていたのです。

タイゾウさんのところでもお話ししたように、「幸せな恋愛をしている未来」との周波数がぴったりと合ったから、その世界が現実にやってきたのですね。

あなたは可愛い！ そのままで愛される存在!!

では、恋愛や男性に対してよくないイメージを持っている場合、もう現実は変えられないの？ と不安になる方もいることでしょう。

大丈夫。未来は自分の手でいくらでも変えることができます。

恋愛や男性に対してよくないイメージが刷り込まれてしまったのは、あなたのせいではありません。

人は皆、生まれ育った環境も、体験したことも違います。自分の家庭環境や両親の関係、過去の辛かった体験やメディアの情報などからさまざまな影響を受け、知らず知らずのうちに「恋愛は辛く苦しいもの」「男性は怖い」というような思いが、強く心の中にインプットされてしまったんです。

ですが、思い出してください。生まれたときはみんな、ピカピカで透明の設定メガネだったんです。

それならば、「恋愛は辛く苦しいもの」「男性は怖い」という情報は、あとからつけられたただのニセモノ。ここからは、「本当の情報」を心にインプットしていきましょう。


あなたは、とっても可愛くて魅力的な人。

男性は優しく、あなたを全力で守ってくれる存在。

恋愛は、幸せなもの。


はい！　これが正真正銘の「本当のこと」ですよ！

……急にそんなふうには思えない？　では、ちょっと聞いてください。

100人中99人は「ハニワ」と言うであろう私の容姿。でも、私の父のように、たった一人でも大切な人が「お前は可愛い」と言ってくれて、それを受け入れることが

自分が「体験したい」と思うものに意識を向けてください。優しく、美しいものを見つめていれば、また自分の世界に優しく、美しいものがやってきます。

冷たく、暗いものを見つめていれば、また自分の世界に冷たく、暗いものがやってきます。

今までの経験や、望んでいない情報よりも、「こうなったらいいいな」の未来を見つめ続けてください。

あほなるビームはいくら出してもつきることはありません。ネバーエンディング・あほビームです。

幸せな恋愛を望んでいるシロちゃんは、あなたの心の中にも必ずいます。幸せになることを怖がらないで、心の中のシロちゃんを育ててあげてくださいね。

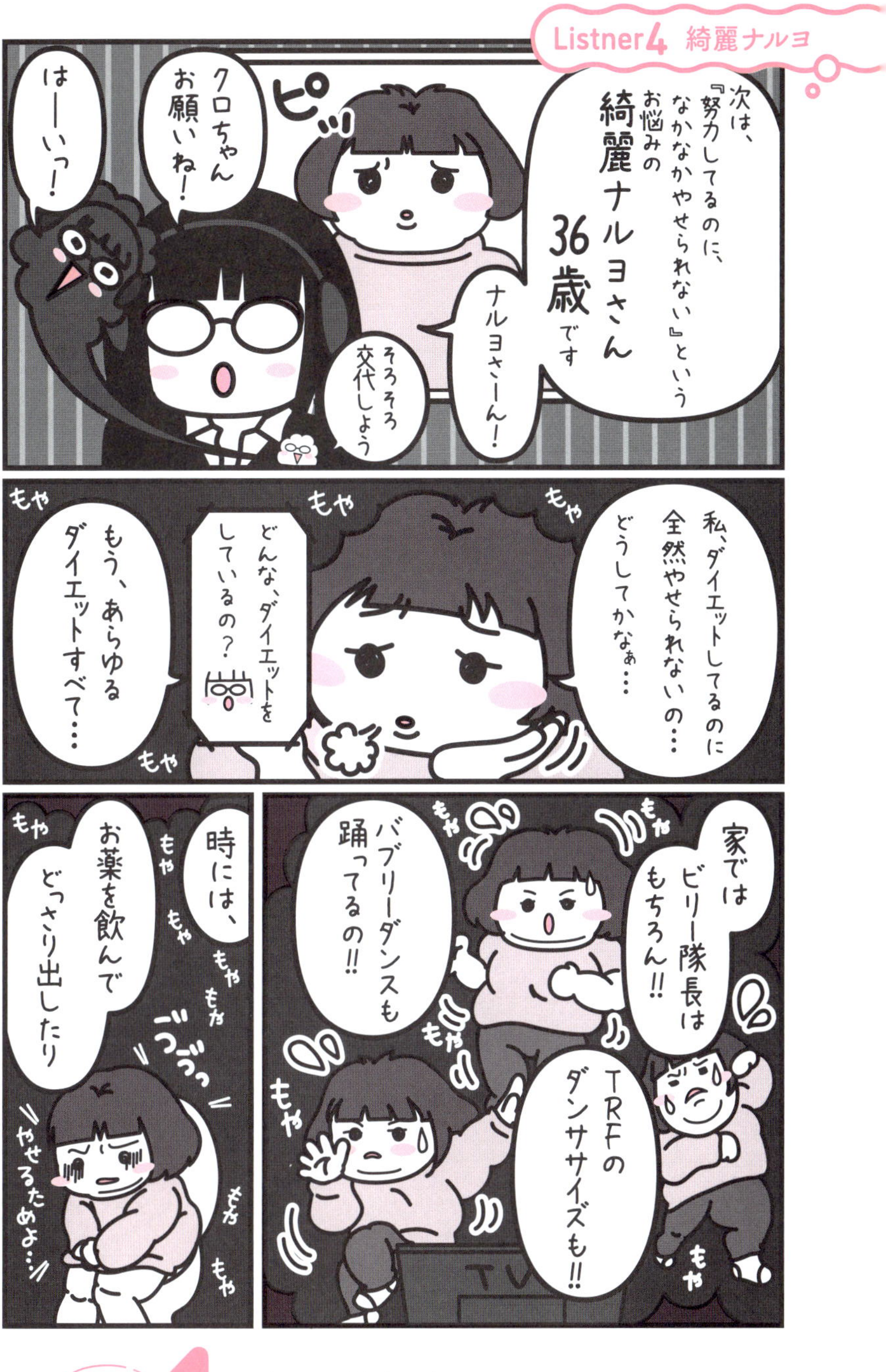
Listner4 綺麗ナルヨ
次は、『努力してるのに、なかなかやせられない』というお悩みの綺麗ナルヨさん36歳です
ピッ
ナルヨさーん！
そろそろ交代しよう
クロちゃんお願いね！
はーーいっ！
もや
私、ダイエットしてるのに全然やせられないの…
どうしてかなぁ…
どんな、ダイエットをしているの？
もう、あらゆるダイエットすべて…
家ではビリー隊長はもちろん!!
バブリーダンスも踊ってるの!!
TRFのダンササイズも!!
TV
時には、
お薬を飲んでどっさり出したり
ごごっ
やせるためよ…

かなり…
スゴイな…
くすりはちょっと…うーん…
努力してますよね…
会社にはルームランナー置かせてもらって
がんばればやせるっ
もやもやもや
昼休みにランニングしてるんです!!
会社で?!
おかげで午後は疲れていねむりしちゃうんですケド
おなかいっぱい…きもちいい
Zz…
マジか?!
1日2食にして週に1度は絶食もしてるのに…
そんなにストイックだとストレスにならない?
びりっ
よっこらせ
えっ?
なんでいるの?!
こまかいことは気にせずに(笑)
食べてもいーじゃないですか
もうたまんなーいっやめてーっ
今日はダメなんです!!
週に1回、自由に食べたり飲んだりしていい日をつくってるんです!!
自由?

女子でスイーツバイキングに行って―――
夜はイタリアンでワイン飲み放題
もやもや
ぐびっ
もやもや
とっても幸せです
そっそれでやせるワケないだろ
バコ
ぴゃー
キャー暴力はやめてっ
自分がとめられないんですっ
もくもく
私デブが宿命なのっ
きっと前世がデブだったんですっ
もくもく
どーせデブ
やせられないのは今の自分、今の体重に意識が向いているから！
自分の初期設定が『太ってる』になってるの
あ、わたしにもちょうだい
じゃ、わたこし
た〜べよっ
いつも自分の中に『太った自分』が、いるから
『現状維持システム』が働いて当然、現実になるの

はっ
現状維持システム…
そうだったのか…たしかに…
『やせてキレイになった自分』に意識を向けてみて!!
スラッ
こんな感じいいなぁ
だいじょぶ?!
ダイエットは『現実を見る』行為なの
また、みてんの?
あっまたふえたっ
もーなんでっ
70 80 90
体重計は数字だから現実に直結しやすいの。体重計に一喜一憂しないことね
ちなみにやせたいときに厳禁なのはこんな行為です
一、階段を避け、エレベーターにまっしぐら!!
一、『また太っちゃった』と毎日言う
一、ウエストがゴムのズボンを買っちゃう!!
これらは、どれも現実を見ています。『現状維持』を選んでいる行為なんです!!
ダイエットなんてカンタンよ!!『自分はスーパーモデル』って設定するの!!
あほなる
それだけで自然と食も細くなって、かずみんは5キロもやせたよ

ええっ!!
それだけで…
5キロも…?!
自分がどこを目指すのかゴール設定が大事
キレイになってこのワンピース
着たい！
かわいい…
それさえできればなんでもスルスルと叶うわ
そうね、そうそう!!
ナルヨさんも自分の設定をリセットしてゴールを明確にすれば
シュワ〜…
アレ？かるくなった気がする
ポンッ
キレイにやせられるよっ
あ、ナルヨさんのシロちゃんだ
ナルヨさんにはこのお札!!
ぴしっ
ひやっ
私はスーパーモデル
ステキ
そのかわいいワンピース着てまた会いにきてねっ
ハイ
楽しみにしてるよ

欲しくない現実を見つめると、それが固定されますよ！

「足元じゃなくて、行きたい方向をしっかり見るんだよ！」

最近自転車に乗れるようになった娘に、何度も言っていた言葉です。

人は、見ている方向に進んで行きます。

日々の生活の中でも、心が意識を向けた方向に、未来は進んでいきます。

「こうなったらいいな」

「こうなりたいな」

と思ったことを何日も何日も思い続けていれば、もう叶うしかないんです。


ん？　あ、やせてスタイル抜群になりたいんですね。素敵な願いですね！

……って、ちょっと待ってください！　そう言いながら、階段ではなくエスカレーターを使ったり、お菓子を食べ過ぎてしまったり、太っても着れる服を選んでいるのは誰ですか！

宇宙が連れてきてくれるのは、「自分が見ているもの」なんです。

「やせたい」と言いながら「太っている今の自分」を見つめていると、それは「もっともっと！　太っている私をちょうだい！」とオーダーしていることになります。

鏡を見ながら「あー、嫌だ嫌だ」と言い続けていても、それは「否定」にはならないのです。

そうして、太っている自分を「いやだ」と言いながらも、心の奥深くでは太っている自分を受け入れ続け、太っている自分にふさわしい服や行動を選び続けてしまうのです。

「また太っちゃった」としょっちゅう口にする。

ゴムでゆるゆるのズボンを買う。

階段とエスカレーターがあったら、迷わずエスカレーターを選ぶ。

これらの行動は、「やせないこと」を選んでいます。

今の現実」を見過ぎていませんか？

「今の自分」を見つめ続けているだけでは、現実は変わりません。

意識が「願いを叶えた私」ではなくて、「今の望んでいない現実」に向いている引き寄せは、陸上のトラックをぐるぐる回っているのと同じなんです。つまり、スタート地点と、ゴール地点が一緒。「ゴールした！」と思っても、結局、最初のスタート地点に戻ってきているんです。

「やせる！」と心に決め、ナルヨさんのようにハードなダイエットを頑張っていたら、一時的に体重が減ることはありますね。ところが、「太っている私」が強烈に頭の中に残っている限り、またもや体重は元に戻ってしまいます。

ナルヨさんがダイエットをしていたのは、「やせて綺麗になるため」ではなくて、「今の自分から逃れるため」だったので、いつも意識が向いているのは「今の自分」だったのですね。

ナルヨさんは、「今の現実ばかり見てるクロちゃん」を育ててしまっていたようです。

さあ、身に覚えはありませんか？

お金持ちになりたいのに、口座残高を見るたびにため息をつく。「お金がない」としょっちゅう口にする。欲しいものや行きたい場所があっても、「どうせお金がないから無理」と諦めてしまう……。

これでは、意識が向いているのは「お金持ちな自分」ではなくて、「お金がない自分」ですね。

「彼と仲良くなりたいな」と願いながらも、彼と他の女性の関係ばかり気にしてしまう。「なにも進展がない」という現状報告を何度も口にしてしまう。これも、意識が向いているのは「彼と親しくなっている自分」ではなくて、「彼と親しくなれない自分」ですね。

ゴール設定が「今の現実」になっているために、現状維持が続いてしまうのです。

「無意識」はあなたを守るために、現状維持を最優先します。

「現実が変わってきた！」と思うような変化があっても、「現状維持」を最優先したがる「無意識」の働きにより、元の状態に戻そうと、いろいろな邪魔が入ることがあります。

ダイエットなら、「運動なんてしなくていいや」とサボりたくなってしまう自分の気持ちだったり、「やっぱりあなたはぽっちゃりしてるほうが可愛いよね」という誰かの言葉だったり。

そして「頑張っても大して変わらないし」「やっぱりこのままでいいや」という思考になってしまい、「変わらないこと」を選び続けてしまうんです。

ですがこれは、あなたにサボり癖があるというわけじゃなくて、現状維持システムの罠にハマってしまっているだけ。

この「無意識」を意識的に変えていきましょう。

こんなふうに書くと難しく聞こえますが、ただ、今、目に見える現実よりも、目に見えない妄想の世界（非現実）を信じてみましょう、というだけのことなんです。

……え？　それが難しい？　「だって、毎日、現実を目にしてるんだからしょうがないじゃない！」と言う皆さんの声が聞こえてきますよ！

ここで、**「現実は知らん」**の登場です。

経験したことよりも、まだ体験していない「望む未来」をリアルに感じて欲しいんです。

頭の中でこんなDVDを再生していませんか？

はい、ここにDVDプレイヤーがあります。あなたの頭の中にも、私の頭の中にも内蔵されている高性能プレーヤーですよ！

このDVDプレイヤーで再生した映像やストーリーは、現実になる力を持っているんです。

「お金がない私」のDVDを再生し続けている人は、

第1話：給料が少ないの巻
第2話：欲しいものが何も買えないの巻
第3話：支払いでお金が消える一方の巻

こんな映像ばかりを頭に映し出していますね。

「やせたいのに、やせない私」のＤＶＤを再生し続けている人は、

第１話：どうせ太ってるから、食べすぎちゃってもいっか！　の巻
第２話：太ってる私なんて、魅力がないわよねの巻
第３話：今の自分から逃れるためのダイエットだから、辛さしかないの巻

こんなストーリーが、無限ループで再生されているのです。

それを望んでいないのに、今の現実ばかりを何度も再生してしまうのは、実際に体験した「今」や「過去に起きた出来事」に引っ張られてしまうから。

「自分の望み通りになっていない今」や「過去に体験した辛かったこと」は、自分が実際に体験したことなので、湧いてくる感情はそれはそれはもうリアル。

その、「実際に体験したこと」よりも、「まだ体験していない妄想の世界」をリアルに感じてくださいって言ってるんですからね！　無茶ですよね！

それでも、望んでいない今の現実を、わざわざ何度も再生することはありません。

「今」や「過去」を頭の中で再生すればするほど、未来にもまた同じ「今」や「過去」

が繰り返されます。「今」や「過去」を再生すればするほど、今の望んでいない現実**にパワーを与えることになり、またこの先の未来にも、同じ出来事を呼び寄せてしまうんです。**

あなたの妄想ストーリーをDVDにしてみて！

頭の中で再生しているDVDソフトを変えましょう。
ほら！　ここに「お金があり余って幸せな私」のDVDがありますよ！

第1話：何でも買えて、どこへでも行けるって楽しいの巻
第2話：お金がある安心感に満たされるの巻
第3話：大切な人の笑顔が見れて幸せの巻

このDVDを再生すると、生き生きと過ごしているあなたの姿と、楽しそうな声が聞こえますね。

もちろん、お金があるから幸せだと言い切ることはできません。ですが、お金があると、何をするにも選択肢が広がるんです。お金を理由に何かを諦める必要もなくなるし、安心感だってある。体験したいことを体験することもできるし、行きたい場所にも行ける。大切な人の力になることだってできるんです。

どうでしょう！　ちょっぴり嬉しい気持ちになりませんか？

妄想ＤＶＤから流れる映像自体は、今はまだ実際には体験していないけど、映像を見ながら感じている感情は、まぎれもなく本物なんです。

妄想しながらドキドキする感じや、幸せな気持ちになる、あの感じ。そのリアルな感情は、現実にまた同じものを連れてきてくれます。

かずみんの妄想ＤＶＤにはこんな話が…

そうそう、私も数年前、臨月の頃まで戻ろうかというほど体重が増えてしまったときに、「スーパーモデルの私」のＤＶＤを再生したんですよ。このＤＶＤには、

第一話：あのジーンズが履けたの巻
第二話：ママ友さんに「スタイルいいよね！」と褒められるの巻
第三話：原宿でスカウトされる　～あらやだ私40代よ～　の巻

こんな話が収録されていました。このDVDを見ていると、やせた達成感や、褒められたときの喜びの感情が自然と湧き出てきたのです。

そして、私の中の「無意識」がやせた私に近づこうとし、普段の行動から変わっていくことで、特に苦労することもなく、5キロのダイエットに成功しました。原宿でのスカウトはまだ現実になっていませんけどね！

頭に映し出しているのは太っている自分ではなく、理想的な体型になっている自分なので、食事を控えめにすることも、ストレッチをするときも、ウォーキングをしているときも、体から湧き出てくるのは「楽しい」という感情です。

そう、**引き寄せで大切なのは「どんな行動をしたか」ではなくて「どんな気持ちで行動しているか」**。

今の現実から逃れるための行動は、今の現実を意識してしまっています。

「今」と「過去」に負けないで、望む未来にパワーを与えてください。

朝起きた瞬間。

歯磨きをしているとき。

朝ごはんを食べているとき。

外を歩いているとき。

仕事をしているとき。

買い物をしているとき。

お風呂に入っているとき。

夜、眠りにつく瞬間。

この瞬間瞬間を、「今の自分」ではなくて「スーパーモデルの私」として行動してください。

もちろん、設定は「スーパーモデル」じゃなくても、好きな女優さんや、身近にいる素敵なスタイルの友達でも大丈夫。

「私がスーパーモデルになれるわけない」なんて思考はいりません。自分に制限をかけているのは、自分です。

「これぐらいなら叶えられそう」と、現実を見てから願うのではなくて、現実はほったらかしにしておいて、自分が本当に欲しいものを願ってください。誰が何と言おうと、「なりたい」と思った瞬間から、あなたはスーパーモデルなんです。大事なのは、なれるかなれないかじゃなくて、「なりたい」という気持ちです。

誰かの真似ではなくて、「自分がなりたい少し先の未来の自分の姿」を、頭の中で再生してください。

今この瞬間の時点で、より長く見ているものと、本当に起きているかのようにリアルに感じている感情が、次の現実を連れてきます。

ナルヨさんも、「現実は知らんシロちゃん」を見つけて、望む未来を見つめはじめました。

少し先の未来のあなたは、どんなものを手に入れていますか？

キュッと引き締まったウエスト？

スラッと伸びた脚？

「綺麗になったね」と言ってくれるあの人の声？

頭の中のＤＶＤは、あなたが好きなようにつくり上げることができます。何度再生しても、色褪せることもありません。

現実を見てからＤＶＤをつくりはじめるんじゃなくて、自分が願いを込めてつくり上げたＤＶＤを再生するから、現実が変わっていく。

その順番を、間違えないでくださいね。

次はーっ
『なかなか運転免許試験に合格しない』と悩んでいる
ほほー
ピッ
21歳男性 安全マモルさんです
ボクは極度のあがり症なんです。
いま、教習所に通っていますが
試験になると緊張してしまって……
あー……なるほどね…
自分でも何をやってるのかよくわからなくなりますどうしたらいいんでしょう?
フムフム
電話がつながってまーす
マモルさーん
こんばんはーっ
なかなか試験に受からないんですね
じろっ
もーなんで…
この人…
そわ そわ
ビクビク
そうなんです。苦手な教官がいて『その教官に当たらないといいいな』と、思っているとなぜかその人に当たるんです!!
あ♡
それっ
バッチリ引き寄せてますすね〜♡
引き寄せおめでと〜
パンパカパ〜
ちがうだろ〜
ズズっ…
コラッ

その教官が隣にいるだけで
チッ
じ〜〜っ
みないで みないで
ドキ ドキ
余計にあがってしまって…
右に行こうと思うのに…
左にハンドルを切ったり…
ハッ ハッ ハッ
コラー 右だろっ
練習中
ガッ
縁石に乗り上げたり…
『苦手な教官が来ないといいな』とか、『また失敗するんじゃないか』とか、考えてますよね…
はい…
もや もや もや もや
もー マジ、アイツ目線こわい 舌打ちするし…
意識がそっちに向いてるから現実になるんですよ
うん うん
そう言われても…もう卒検5回も落ちてるし…
オレ、情けない
アハハ…
もや もや
えっ…わたしだって3回で受かったのに…
かずみん!! 3回もめずらしいよ
同時期に入学した友人は助手席に彼女を乗せてデートしてるのに…
あ〜〜っ また教習代に消えゆく金…
あ〜っ うらやましいな〜っ
僕はバイト追われる毎日
不合格
不合格
不合格
なんまいめっ?!
もう一生…
受からないんじゃないかと思えてきました…
たばーっ
もや もや もや もや
も〜っ そんなこと考えてるとっ
ビリッ
あぁっ
聞いてらんないっ
ビリッ
ビリッ
現実になるよっ
あらあら…
もや もや

シュッ
マモルさんは宝くじ買いますかね？
たからくじ
え？！
宝くじ…か、買わないですね。て、ゆーか、なんでいる……
なんで？なんで買わないんですか？
なんでかなぁって
大金なんて当たりっこないし
そう そう
もや
お金もったいないじゃないですか？
もや もや
ひら ひら
私は、『絶対に宝くじ当たる』って信じてるの
当たったことあるんですか？
?!
フフッ
まだないけど『絶対に6億当たる』っていう確信がある
6ろ、億ぅっ？！
は！？
え…何言ってんの…？
『2015年の年末ジャンボに当たる確率は0.00005%』
つまり1/2000万
っていうのを聞いてその瞬間、
『そのくらいなら当たるんじゃな〜〜〜い』って思ったの〜
ぴょんっ
ぴょんっ
ぴょんっ
トテトテ
そりゃ楽勝だわ〜っ
いやそこはフツーは『ムリっ』て思うでしょ
そこぉっ
ヤレヤレ

ふつうは『そんなの当たらない』って思うよね そう思ったら宝くじも買わなくなる
た…
でか
たしかに
そうそう
そして…『絶対に当たらない』が現実になる
『絶対に当たる』と思っていたら、いつか必ず6億円相当の幸せがやってくるよ
かずみんのくちぐせ
そう
そう
まぁねぇ
ぎゃくに…
そっか!!
ドリームキラーは周りにもいるけど自分の中にもいる
ブッ
もう…あと1ケ月で仮免の期限切れちゃうよ…
どうせボクなんてダメなんだっ
もうあきらめよう…ムリだよ。車のれないよ…
キュポッ
キュポッ
オマエ、運転向いてないし
まだ受けるの? ムリじゃない?
ヘッ
ちがうっ 左っ
でも、ドリームキラーの声なんて聞かなくていいよ!!
そっか!!
前、向いててね〜
今度の試験で『隣にいるのはかずみん教官』だって妄想してみて
ポンッ
マモルさん運転そんなに下手じゃないよ!!
がんばれ〜っ
がんばれ〜っ
やってみます!!

運転うまくなったねーえ!!
かきかき
ホントですか!!
うんスゴイ!!
ふわふわ
おちついてたし
右折も確認バッチリ!! 左折も小回りカンペキ!! 縦列駐車なんて バッチリ 100点満点ダヨ!!
マモルさんっ 合格 よくがんばったネ!!
ぱちぱち
合格
お〜〜っ
やったぁ♡
えっ!!
だから マモルさんには このお札!!
受かったら コレ 100% 必要でしょ!!
プフッ
交通安全
えっ、なんか フツーじゃ ないですか?
になるのよ〜
つべこべ言わない!! そのお札もってけば 絶対合格 だからっ
そっか!! ありがとう ございます!!

自分の持ってる力を信じて、夢見ることを楽しんで！

ただ今、かずみんがサッカーグラウンドを走っております！

おおっと！　ドリームキラーから「本の出版なんて無理でしょクロちゃん」が届いたー！　が、かずみんは受け取らない！

続いて、「宝くじを当てるなんて無理でしょクロちゃん」も届いた！　かずみん、またもや受け取らない！

次に届いたのはお父さんからの「お前は観月ありさちゃんやシロちゃん」だ！　おっとー!?　かずみん、しっかり受け取ったー!!　なかなかのど厚かましさ！

ん？　「やっぱり無理かなクロちゃん」も現れてしまった！　これはかずみんの心の中に潜んでいたクロちゃんのようです。かずみん、「大丈夫だよ」と優しく抱きしめたー！

「あなたは普通の主婦でしょクロちゃん」も飛んできた！　さあかずみん、このクロちゃんをどう扱うのか！

おや？　観客から「かずみん面白い！　かずみんの本最高！」コールが起こっている！　いや、よく聞いてみるとこれはすべて、かずみんの妄想から生まれている声だー！　なんという脳内お花畑でしょう！

さあ、いよいよフィニッシュですよ！　かずみん、「売れっ子作家」の夢に向かってゴーーーール!!

……いや〜、白熱の試合展開で興奮してしまいましたね！

え？　何が何やらさっぱりわからないって？

実はこれ、私の頭の中を文字にしてみました。

この妄想試合で使っているのはボールではありませんでしたね。願い実現の妨げになる思考はクロちゃん、願い実現の力になってくれる思考はシロちゃんとして、数え切れないほどのパスが飛び交っています。

頭の中には、さまざまな思考が浮かんだり隠れたりしていますね。

引き寄せ関連のブログや本を読んだときは「よし！　やるぞ！」とハイテンションになり、シロちゃんが元気になるものの、テレビのニュースで「不景気だ」と聞けば「やっぱり私がお金持ちになるなんて無理よね」とクロちゃん思考がムクムクと大きくなってしまう。「男性は若い女性が好き」なんて、いらんデータも入ってくる。でも、そりゃあ若い女性は魅力的なので男性も惹かれるのは当たり前でしょうが、女性の魅力は若さだけではないはずですね。

夢や願いに向かっている途中に、周りからの「やっぱり無理じゃない？」という声が耳に入ってしまうこともあります。

過去に自分が失敗した経験や、今のうまくいっていない現実を見て、「この先もこうなるんだろう」と心が勝手に決めてしまうこともありますね。

これらは全部、願い実現の邪魔をするドリームキラーです。

「そんなの無理に決まってるじゃない」

「お前にそんな仕事は向いてない」
「そんな理想の相手、いるわけないでしょ」
「必死こいて働いても無駄だから」
「お金持ちになれるのはほんのひと握りよ」

こんな、悪意に満ちた周りの声がドリームキラーになることもあれば、善意から身近な相手がドリーキラーになることもあります。

引き寄せの法則に出会う
↓
なんて面白いの！　これはぜひ、周りのみんなにも知って欲しい！
↓
家族に話してみたら、全否定される

こんなことも、よくある話です。

自分にとって、引き寄せの法則や宇宙の話は「面白いこと」に分類されていますが、否定する人にとっては「なんかよくわからない」もの。

ご家族にとっては「引き寄せとか、宇宙がどうのなんて存在してないでしょ」という考えが「安全ゾーン」になっているので、引き寄せに夢中になっているあなたをもう一度、自分の安全ゾーンに引き戻したい。そんな気持ちから、引き寄せのことを否定されることもあるのです。

悪意からであっても、善意からであっても、どちらもドリームキラーであることに変わりはありません。

ただ、いちばんのドリームキラーは自分自身だという恐ろしい事実もあるのです。怖いですね！「世にも奇◯な物語」のテーマソングが頭の中に流れてきちゃいましたね！

誰に何を言われようと、それを採用することはないし、受け入れる必要はないんです。受け入れてしまった時点で、自分自身がドリームキラーに変身してしまうんです。

「世界が変わらないこと」が「安全ゾーン」になってない？

「安全ゾーン」について、もう少し詳しくお話ししますね。

「今の現状」は安全ゾーンです。たとえ今が望んでいない現実であったとしても、人は現状維持システムの働きにより、「今のままでいること」を最優先します。

「そんなことしても意味ないから」「願いを叶えるなんて、無理だから」安全ゾーンにいることを許してくれる言葉だから、このような「今のままでいること」を後押しする思考や言葉を、頭はスッと受け入れてしまうんです。

今はお金がないけれど、お金があり余っている生活。

今は彼氏とお付き合いしていないけど、めでたく彼と結婚した生活。

お金があり余っている生活や、彼との結婚生活は、「今」とは違う生活ですね。

願いが叶うということは、多かれ少なかれ「世界が変わる」ということです。「世界が変わらないこと」が安全ゾーンに入っているとき、無意識は「世界が変わらないこと」を選び続け、願いも叶わないままになってしまいます。

願いが叶って世界が変わることは、怖いことでもなんでもありません。

今までは「宝くじなんて当たらない」が安全ゾーンだったかもしれないけど、「当たったっていいよね」を、あなたの安全ゾーンに採用しましょう！

誰かにとっては「宝くじの一等なんて当たらないよね」という世界が「本当のこと」になっているけど、**私にとっての「本当のこと」は「当たってる人は確実に存在してるから、私だってその一人になれるよね」**なんです。

「一個人」として考えると、まだ宝くじは当たっていないかもしれないし、億万長者にもなっていないかもしれません。でも、「地球規模」での事実を受け入れてみましょう。今日だって、どこかで億万長者になってる人がいる。１ヶ月単位で考えたら、この１ヶ月の間で宝くじを当てている人なんてわんさかいるんです！

その一人に自分がなれないって、なんで決めつけちゃうんですか！　**未来のことはまだ決まっていないのに？　未来は自分でつくれるのに？**

「今まで何もなかったから、この先も何もない」と、「今まで」と「これから」をイコールにすることを安全ゾーンにしないで、どんどんよりよいものに変わっていくことを安全ゾーンに取り入れましょう。

明日、待ちに待っていた連絡がくるかもしれない。
来週、思ってもみなかった素敵なお知らせが舞い込んでくるかもしれない。
来月、夢に続く大きな扉が開くかもしれない。
来年、願いを叶えて幸せそうに笑っている自分が、きっといる。

「こうなったら嬉しい」「こうなったら幸せ」「こうなったら素敵！」
そう思う自分の気持ちを、大切にしてくださいね。

クロちゃんはシロちゃんパワーに変えられる！

マモルさんも、「どうせ僕なんて何回チャレンジしてもダメなんだ」「僕は運転に向いてないし」「きっとまた、怖い教官だ」と、余計な思考ばかり大切にするクロちゃんを育てていました。

悪い予感ばかりが現実化しているように感じるのは、そちらに意識が向いているから。ナルヨさんのところでお話ししたように、うまくいかなかった経験を何度も再生する必要はないのでしたね。

再生するべきなのは、見事合格したときの喜びや感動、そして、当たり前のように車をかっこよく運転しているマモルさんの姿なのです。「どんな車に乗ろう？」なんてワクワク妄想するのも、いいですね！

そして、何度も言うように、クロちゃんは敵ではありません。クロちゃんがムクムクと育ってしまって、余計な思考ばかり採用してしまい、どんよりとした気分になったときはチャンスなんです。

冒頭の妄想試合でお話しした、夢へのゴールに向かうまでにさまざまな方面から飛んでくるクロちゃんパス。これをスルーするだけではなくて、パワーになってくれるシロちゃんに変化させることだってできるんです。

ではかずみんは、「あなたは普通の主婦でしょクロちゃん」をどう変化させたのでしょうか。

ごくごく平凡な日々で、派手さのかけらもない、ささやかな幸せを拾う毎日。「あなたは普通の主婦だから（何もできない）」と受け取ることもできますが、私はそんな言葉は採用しませんよ！「普通の主婦の私だからこそ、伝えられることがある！」と自分の強みに変えたんです。

財布の残高66円になっても笑っていた過去、納豆ご飯を食べながら6億円生活を夢見る日々……。こんな毎日をブログでお伝えしていたら、多くの人にブログを読んでもらえるようになり、夢見ていた複数の著作の出版も叶いました。

主婦として過ごす静かな毎日と、本屋さんに自分の本が置いてあるというスペシャル感漂う幸せ。両方を、欲張りに感じさせてもらっていますよ!!

「うまくいった」体験をインプットして！

欲張りに幸せを感じるためには、うまくいかなかった経験だけじゃなく、成功した経験にもきちんと目を向けていきましょう。

「やっぱりまたうまくいかない」が安全ゾーンになってしまっているのなら、「次はうまくいく」に思考を変えてみる。そして、「うまくいった」体験をインプットしていく。

今日のランチは明太子パスタを食べると決めていたら、実現した！　うまくいきました！

今日は違う道を通って帰ってみたら、可愛い雑貨屋さんを見つけた！　うまくいきました！

どんな小さな成功体験も、大事に積み重ねてください。

決めたことを実現させることができたら、「自分には叶える力がある」。

世界を広げることができたら、「もっと幸せなことが待っている」。

「うまくいくこと」が安全ゾーンに定着したら、「うまくいくこと」が当たり前になり、失敗ですら成功になっちゃうんです。一見したら残念な出来事だって、幸せな出来事に変換できちゃうんです。

マモルさんは、「何度も試験にチャレンジしている」という事実を、「何度もチャレンジしているのに受からない」と捉えてしまって、「怖い教官にばかり当たる」という事実を「なんて僕はツイてないんだろう」とマイナスな方向に捉えてしまっていました。

でも、何度も試験にチャレンジしているのは、免許を取る前に、知識も技術もバッチリ身につけるため。

怖い教官にばかり当たるのは、教習生が絶対に事故など起こさないようにと、厳しく教えてくれているから。なんて熱心で、ありがたいんだろう！　こんなふうに、プラスに捉えてしまいましょう。

憂鬱な気持ちになるのは、望んでいない未来や、つまらない未来に意識が向いてしまっているからです。「嫌な気分」は「違うよ！　そっちに行かなくていいよ！」と教えてくれているんです。

先のことを心配しないで、「望む未来」に意識を向けてください。自分の未来をつくっているのは自分なんです。

願いを叶え、世界を変える力は誰もが持っています。自分が持っている強いパワーを信じ、夢見ることを楽しんでくださいね。

chapter

2

かずみんの休日♪

〜主婦は悩みが多いよ〜

バキッ ギュイーン ピコッン バキッ
ね〜〜っ ちゃんとすわってYO!!
イエー♥
YO!!
もうさ〜 お悩みとか YO!!って 解決しちゃう ワケ!!
アハハ♥
聞いたよラジオ!!
アハハッ
ギュイーン ギュイーン バキッ バキッ
もうっ あ〜っ
ナイト!!!
ピコッ ギュ ボコッ ギューン ピコッ
ほらっ かずみんに あいさつしなさいっ
は…は…
ピコン ドギュ ドギューン ピコッ ピコッ
いいかげんに しなさいっ
ピコッ
まぁまぁ いーじゃない
お客様よっ
ピコッ ピッ
きもちはわかるよっ YO!!
まったくもう… ゲームばっかりで 将来が心配…
ドカッ バキッ ギュン
好きなことがあってあれだけ集中できるんだからいーじゃない!!
将来ゲーム業界で活躍するかもしれないし
ナイトッ ゲームの音がうるさいっ
あ〜っ
もや もや もや もや もや もや もや もや もや もや
ギューン ドカッ ピコッ ピコン ピコン

まぁまぁ…
オレも少しくらいいいんじゃなかって言ってるんですけどね…
ビクッ
キッ
そうやって甘やかすからっ勉強しないのよ～～～っ!!
声大きいよ
ムキッ
ワナワナワナ
えーと…
そそくさ…
お茶入れてくるね!!
そうやっていつも逃げる
ズキューン
ズキューン
家でゲームばかりしてるから友達もいなくて学校でいじめられてるみたいなの…
しんぱいで…しんぱいで
ドカッ
ピコ
ギュ
ピコ
ギュバキッ
気持ちはすごくわかるYO
SO! SO!
そうなの？でも、学校がすべてじゃないし
すべてじゃ…ない…？
どゆこと？
たとえばねっ
ここから先がっ
大事だYO

ナイト君の好きな習い事に通わせてみるとか、集中力を活かすとか!!
SHU~
CHU~
ピコ
ピコ
ゲーム以外…何が好きかしら?
学校以外の…
うーん
ここ
たのしーーーい!!!
E~んじゃな~い
違う世界をつくってあげたらいーんじゃないかな
YO!
YO!
アナザーワールドイエー!
そこで
友達ができるかもしれないいし!!
もちろん転校っていう
楽しいスクールライフー
妄想しYO♡
WAKU♡WAKU♡
WAKU
選択肢があってもいいいし

たしかに学校はクラス替えがあるしほんの数年のことよね
ぷしゅ〜〜う
転校してもいいんだし…そう考えるとなんだか気が楽になるわ…
『お宅のお子さんクラスで浮いてるみたいよ』とか…
いやがらせかってのっ!!
キーッ
わざわざ言ってくるママ友もいて…
本当に面倒で…
面倒なママ友なんて付き合わなきゃいーじゃん
え？
そんなワケにいかないわよ…ママ友のボスみたいなのがいるの…
ボス
その人と仲良くしないとクラスでナイトがますます浮いちゃうわ…
考えすぎじゃない？
ママ同士が友達じゃなくたってこども達同士でうまくやっていくよ!!
ピコン
ギューン
ピコ
ギューーンッ
ギューーン
こどもにはこどもの世界があるから
こどもが持つパワーを信じてあげようよ
YO!!

そんなこと言ったって…
いや…こわいよ…
心配しなくて大丈夫だって!!
心配は
もっと大きな心配を
連れてくるんだよ!!
SHIRO
KURO
ZUMIN
心配いらないっ
YO!
現実知らないっ
YO!
ママ友いらないっ
ほらっ
一緒に踊ろうよ!!
YO!
YO!
ゲームはサイコウ!!
YO!
YO!
……
元気だなぁ…

こんどはカモミールティーです♡
にこっ
お茶のおかわりどーぞ♡
ありがとうございます！優しいご主人でスキ子幸せだネ♡
おちつくー♡
いいかおり♡
ほっとするわ♡
今日はかずみんがいるから特別よ！
もく もく もく
ふだんは何もしないわよっ
え？いやぁ～
あ、ゴミ…いっぱい…
KA
あら～コロコロやってくれてるじゃない!!
キレイ好きイエーイ♡
コレですか？なんとなくクセで…
ハハハ…
コロ コロ コロ
そういえばコロコロだけはマメにやってくれてるわよね
しゅ～っ
おかげで床はキレイよねっ
そーねぇ～
まぁそこは認めるわ

主婦タイヘン! ヨユーがないのわかるYO!
YO! YO!
ほらね？
『やってくれない』と、思うと、
『くれない』ほうばっかりに目が向くの
そうじゃなくて『ひまがあるとコロコロやってくれる』とか
『ある』ほうに目を向けるの!!
『やってくれて当たり前』と思わないのよ
あるあるコロコロ
サンキュ〜
Yeah
…
お風呂も…いつも掃除してくれてるわね…
ピカー
キラ
キラ
しゅ〜
…
ほらっ♡
よいだんなさまじゃない♡
いやぁ♡
エヘ♡
テレッ♡
かずみんさんホメすぎ♡
パチパチ
KAZUMIN
まだいーたいことたくさんある!
もくもく
うんうん
でもっ……
ま……
またかよ……(心の声)
オーイエー……
お給料も
上がらないしっ
そーだっそーだっ ちゃんと仕事してんの?!
もくもく
もやもや
フンッ!!
これくらいで充分じゃん!!
上見たらキリないし…オレだって頑張ってるんだしさ
もうっ脳天気なんだからっ
キ〜ッ
どーするっ?!
かずみ〜ん
MOYA×2!!

でさーっ
お義母さんもよく似た性格なの!!
ナイトに洋服とか送ってくれるんだけど趣味がまったく合わないの!
ダサイのっ
ちょ〜〜
もや もや もや もや
…。
もう、なんかダンナ様かわいそうだよー かずみんっ
KAZUMIN
遠回しに言っても
気づかないみたいで…
フー…
キ〜〜!!
完全にうもれちゃった…
NIGHT
みてコレ〜〜!! よる?!(笑)
孫のためにいろいろ送ってくれるなんて良いお義母さんじゃない
YO! YO! YO! YO! YO! YO!
そうだYO!
でも…
いいじゃん!! ありがたく受けとっとけば!!
うまくいくほうが奇跡だって!!
他人なんだし!!
うまくいかなくって当たり前っ!!
ほっときなよ!!
自分が幸せならいーじゃん YO!!
ごめんね
…
ずいぶん大きくなったね…
ま〜ね〜 大変なんだし〜っ
BIGKUROCHAN Yeah!!

ねーえっ
さっきのダンス教えてっ!!
一緒に踊る?!
うんっ!
心配いらないっ
ママ友いらないっ
YO!!
現実知らないっ
YO!!
YO!!
YO!!
ゲームはサイコウ!!
うるさ～～いっ
うるさーいっ!!
ドタバタするなっ
ガラッ
うるさいっ
音楽とめろっ

本当の願いは
『お隣さんが引っ越すこと』
ではなく…
『この家で
静かに落ち着いて暮らす』
ことでしょ？
ねえママ～ッ
すごいな！ナイト！
だんなさま～ヘタねえ
こうか？
みてみてママーーー!!
YO!
YO!
そうね。
YO!
ぴょんっ
しゅうぅ…
しゅ～…
そーいや!! ナイト君にHIPHOP習わせたら？仲間できるじゃん!!
しゅうぅ…
ナイトもサイコーな仲間だ
YO!
それいいっ

本当の願いは大事よ!!
会社の人間関係で悩んでいた人が
ネチ ネチ ネチ ネチ ネチ
お局、いなくなれ〜〜っ
って、スーパームーンにお願いしたんだって
そしたら…
本当にそのお局がいなくなったの
ありがとう!! ムーン様♡
でも、そのおかげでお局がこなしていた仕事まで背負う羽目になったそうよ…
あらあら…
たいへーん
どすぅんっ
お局の分
自分の分
ううっ……
『こんなはずじゃなかった』って言ってる…
その妄想はわくわくにかにかHAPPY♡だったかYO?!
YO! YO! YO! YO! YO!
本当の願いを間違えると間違ったものを引き寄せるから気をつけてね!!
なるほど…わかったわ!!
ぽわんっ
かずみんありがとう♡
あ♡スキ子のシロちゃんだっ♡

何とかなるYO!!
小凶はあり
楽しむために〜
変えるのは他人じゃなくて自分だYO!!
生きてるYO!!

よくない妄想がふと浮かんでも心配いらないYO〜！

今日は友人宅に遊びに来ましたよ。ああ！　また悩んでいる!!　そうなんです。主婦の悩野《なやむの》スキ子さんは悩むのが好きで、なんやかんや理由をつけては、わざわざ悩んでしまうんです。実は私も心配性で、心配するのが好きなんですよ。「えっ!?　大丈夫なの!?」と思われた方。そんな感情も、うまく付き合っていけば大丈夫なんです。

不安や心配を栄養分とするクロちゃんは、決して邪魔な存在ではなく、大きなパワーになってくれる存在でしたね。現実化していくのは、心の中で大きく育ったシロちゃんや、クロちゃんです。ちびクロちゃんが時々顔を出すくらいなら、怖くもなんともないんです。「心配したいクロちゃん」「悩みたいクロちゃん」とうまく付き合いながら、未来への意識をちょちょいと変えてみましょう。

こどもに口やかましく言うより、そっと見守りましょう

「ちゃんと宿題はしたの？」

「ゲームばっかりやらない！」

「テレビばっかり見ない！」

「ほらまたYouTube見てる！」

「もう！　早く寝なさい！」


こどもに言うセリフで登場回数が多いものベスト5といえば、このあたりでしょうか。

ですがこれらのセリフ、私はほとんど言ったことがないんです。とはいっても、決

して私がよくできた母親なわけではなく、娘が出来杉くんのように優等生なわけでもありません。娘は宿題より遊ぶのが大好き、ゲームやテレビも大好き、夜更かしだって大好きなんです。

私の育児の話はまたあとでさせていただくとして、スキ子さんの息子であるナイトくんも、宿題をしないでゲームばかりのようです。

おやおや！　スキ子さんの「ちゃんと宿題をやらせなきゃクロちゃん」がムクムク大きくなっているようですよ！

こどもは、とても素直です。例えば、「ほらまた宿題やってない！」とお母さんに言われれば、「僕は宿題をやらない子なんだ」という思いを大事に持ってしまい、その「思い通りであろう」として、ますますやらなくなってしまいます。

もちろん、こどもが低学年のうちは「宿題やってみようか！」とうまく誘導して、提出物をきちんと出すことの気持ちよさや達成感を教えてあげることも大切です。

でも、こどもがある程度大きくなったら、ほっといてみましょう。

いいえ、放置するというわけではなくて、そっと様子を見てあげるんです。

「でも、言わないと絶対に宿題やらないし……」と思われるお母さんもたくさんいる

もは今、自分自身を楽しませる力や、幸せにする力を育てている」、そんなふうに考えてみると、きっとお母さん自身も楽になるはずです。

大丈夫！　**ゲームとテレビがいまだに大好きな私も、ちゃんと立派な大人になってますから！**　異論は認めませんよ！

そうして思いっきり好きなことをやったあとは、こどもも「そろそろ宿題やってみるかな」と動き出すものです。我が家の場合はそれが夜9時を過ぎることもあり、「今からか！」と頭を抱えることもしばしばですが、とりあえず「やる」と動き出したことに意識を向け、何も言わず見守っています。

こどもを見ていると「あれやりなさい、これをやめなさい」と口を出したくなるものですが、ここはひとまずちょっと控えて、家を「親もこどももホッとひと息つける癒しの場所」にすることを意識してみてください。

親である皆さんも疲れているとは思いますが、こどもも「学校」という社会で、勉強や人間関係など、なかなか揉まれているものです。家に帰ったら、好きなことをしてリラックスする時間！　と決めてしまいましょう。

多少の好き嫌いがあったとしても、ご飯を食べることを楽しむ。こどもが夜更かししてしまうのは、お父さんやお母さんと一緒にいる時間が心地良いから。そんなふうに考えてみましょう。

だけど、寝る時間も幸せですね。なんたって、夜寝る前は、至福の妄想タイムですからね！

私も「早く寝なさい！」と言うよりは、「ねえねえ、今日はどの絵本読むの？」「今日はどんな楽しい夢を見る？」と、起きてるのも楽しいけど寝るのも楽しいと思えるように誘導しています。寝る前に、お子さんと一緒に「今日の楽しかったことベスト3は？」なんて発表し合うのもいいですね。

学校だけがすべての世界じゃない

こどもの人間関係の悩みというのも、どうしても出てきますね。世の中にはいろいろな人がいて、こども達も日々いろいろな経験をして学んでいます。

そんな中、もしも自分のこどもがいじめられていたら？　それはとても辛い出来事ですが、こどもがＳＯＳを出してきたときは、まずこどもの気持ちを受け止め、寄り添いましょう。

こどもの辛い気持ちを受け入れる。

こどもと一緒に怒る。

こどもと一緒に悲しむ。

無条件に自分の味方をしてくれる存在がいるだけで、一人で戦わなきゃいけないのかと不安に感じていたこどもは、とても心強く感じるはずです。

「そっか。嫌なことをされて辛かったね。悲しかったね」と、辛いものは辛いと受け入れましょう。

そして「辛いな」と反応したあとは、少しでも心が楽になる選択をしていきましょう。

辛い出来事があったときは頭の中が「相手へのモヤモヤ」でいっぱいになりがちです。そんなときも「辛かったこと」や「他人へのモヤモヤ」を見つめっぱなしにするのではなくて、「自分の心」を見つめてください。

イヤなことは「イヤ」でいい。

「悲しい」も「悲しい」でいい。

だけど、そこに浸り続ける必要もないんです。

こどもの「好きなこと」「楽しいこと」「望むこと」にふっと意識を向けてみる。嫌なことや悩みがあるときは、そのことばかり考えてしまいがちですが、

「今日の放課後、公園に行こうか」

「今度の土曜日、一緒に映画を観に行こう」

「今度の休みの日、新しい本を見に行こうか」

と、楽しい予定を立てて、「楽しみだな」と思える少し先の未来をつくってみる。

それに、学校だけがすべての世界ではありません。学校以外に習い事をしてみたり、地域のイベントなんかにも参加して、お子さんの世界を広げてみるのもいいですね。

行動するときは「今の辛い現実から逃れるため」ではなくて、「楽しい世界を広げるため」に行動してください。

学校も、少しぐらい休んだって大丈夫。私も学校に行けない時期がありましたが、大人になってから、それが理由で困ったことは何一つありません。

学校に行けない時期は「親子で過ごす時間が与えられたんだ」と捉えて、一緒に過ごす時間を増やしてください。お母さんが仕事をしていて難しい場合などは、サポートをしてもらえないか、周りの人を頼ってみてください。

第三者に頼るのは勇気がいるかもしれませんが、こどもが学校に行けないことを恥ずかしいと感じるのではなく、「学校に行けなくても、それがどうした。何があっても、お前は私の大事な子だよ」という思いを、言葉や行動でこどもに伝えてあげて欲しいのです。

フリースクールという選択肢もあるし、高校になれば通信制もあるし、高校卒業認定試験を受けるという道もあります。一つの道だけが正解ではないんです。「そうは言うけど、このまま学校に行けなかったら、この子はどうなってしまうんだろう」と不安になることもあるかと思います。大切なこどものことだから、そんな気持ちになることもあって当たり前。

ですが、不安を頭に思い浮かべて、それに感情がともない、その時間が長く続くほど、その不安は現実化していきます。

潜在意識は良いも悪いも、望むも望まないも区別がつかず、「思い」を引き寄せてしまいます。不安や恐れを何度も思い浮かべるという行為は、「それを望んでいる」ということになってしまうんです。

自分とこどもにとって、「今の状況はちょっと辛いな、しんどいな」と感じたあとも、

「自分の心」を見つめ直してください。

「私はどうなったら嬉しいかな？　心がホッとするかな？」と考えてみるんです。

こどもが、少なくてもいいから仲良しのお友達がいて、毎日笑顔で勉強も遊びも楽しんでいる様子を妄想して、「ああこうなったら嬉しいな」とホッとする気持ちを感じてみてください。

今の現実だけを見てしまうと、自分のこどもは不幸で、自分も不幸だと感じてしまうかもしれませんが、絶対にそんなことはありません。

今は「幸せな未来に向かうための通過点」「辛いかもしれないけど、学びの場にいる」と捉えて、こどもの未来を信じてあげてくださいね。

ママ友は、いなくても困らない

人間関係で悩みがちなのは、お母さん方も同じですね。ママ友関係で悩みを抱えているお母さんも多いのではないでしょうか。

ここで大切なのも、お母さん本人の気持ち。「ママ友がいないと、こどもも友達ができない」というような思いでママ友付き合いをしていれば、その通りの現実ができあがってしまいます。

ただ純粋に「何でも気兼ねなく話せる友達がいるといいな」と願うなら、「うまく付き合っていかなきゃ」という思いからではなく、「こんな友達が欲しい」と願ってみましょう。

気の合うママ友と家族ぐるみでお互いの家を行き来したり、一緒に遊びに行っているような妄想を楽しみつつ、学校行事でこどもの元気な姿を見ることを楽しんでいれば、そのうちきっと素敵な出会いがあるはずです。

「特にママ友はいなくてもいいかな……」と思うなら、別にいなくたっていいんです。こどもはこどもで、ちゃーんと友達をつくれますから。

こどもは幼い頃から、自らの力で学んでいきます。体は小さいけど、こどもが持っている大きなパワーを信じてあげてください。

それでも、あれこれ言いたくなってしまうのは、こどもが大切だからこそ。私だってこんなふうに書いていますが、ちょっとしたことでアタフタしてすぐに口出ししたくなっちゃいますから！

ですが、**「心配クロちゃん」を「大丈夫シロちゃん」のパワーに変えてみてください。**

子育ては、うまくいかないことがあって当たり前。お母さんだって、完璧にできなくたって当たり前。というより、きっと**子育てに「完璧」なんてないんです。**

こどもが、今日も生きている。それだけで、きっと花マルなんです。

そして、こどもの幸せばかりを考えるのではなく、まずは自分自身が幸せを感じてくださいね。いつもいつもこどもの好物ばかり選ばなくてもいいんですからね！

お母さん自身も心を緩める日をちゃんとつくって、うまくいかない日があってもあまり自分を責めたりせず、ゆったりと過ごしてくださいね。

旦那さんは、あなたの笑顔を見たいんです！

さあ続いて出ました、夫の悩野ナシ夫さん。悩んでばかりのスキ子さんとは違って、のほほんとした優しい旦那さんですが、スキ子さんは文句たらたらのようです。

旦那さんにもよい部分はきっとあるのに、すべてが素敵に見えたときだってあったはずなのに、「この人はどうしようもない人だ」という目線で見てしまうと、本当にどうしようもない人として映ってしまうもの。でも、**人は完璧じゃなくてもいいんです。自分だって完璧じゃないんですから。**

だから、イライラすることがあっても別にいいんです。ただ、「自分ばかりが頑張っている」という不平等感を感じてしまうと、しんどいですよね。

そもそも、同時にいろんなことをできる女性に比べて（女性は食事をしながらテレビを見て、さらにおしゃべりもしてテーブルの上を片付けることもできますね）、男性は一点集中型。

女性は、旦那さんとおしゃべりがしたい。聞いて欲しい。男性は、ただぼーっとしたい。くつろぎたい。

そんな男女の違いがあるために、女性にしてみたら物足りなく感じることもあるかもしれないけど、男性だって、女性に喜んでもらいたいんです。愛する女性の笑顔が見たくて一生懸命働いているのに、家に帰ってきたら奥さんに「何であなたは何もしてくれないの！」なんて怒られちゃうもんだから、旦那さんからしたら「えええええー!?」ってなもんなんです。

二人のお付き合いがはじまったばかりの頃を思い出してください。あなたは、彼から電話がかかってきただけで、幸せでした。待ち合わせ場所に彼がやってきただけで、満面の笑顔を見せていました。あなたのそんな笑顔を見て、彼は「この子の笑顔を見れて幸せだ」と感じていたはずです。

そして、その気持ちはきっと今も変わっていません。ただ、もしかしたら……**あなたの笑顔が減ってしまっている、のかもしれません。**

毎日の生活は、そんなに甘いものではありませんね。仕事に家事に、育児に追われ、余裕がなくなってしまうことだってあるでしょう。

それでも、旦那さんは旦那さんなりに、奥さんが喜んでくれそうなことをしようとしたり、「こんな家族にしたい」という思いを込めて、必死に頑張ってくれているのではないでしょうか。

「そんなこと言うけど、私だって仕事も育児も頑張ってるのに、家事までして不公平じゃない！」

はい、その通りです。あなたも、すごくすごく頑張っています。だから不満を感じてしまったときは、たった一つ、これをやってみてください。

それは、**「一日に一つだけでいいから、夫がやってくれたことをメモに書く」**ということ。

何でもいいんです。「ゴミを出してくれた」「台所に出た虫をやっつけてくれた」「車の洗車をしてくれた」「電球を変えてくれた」

……え？　うちの旦那はそんなことやってくれないって？

では、「今日も頑張って働いてくれた」「ご飯を全部食べてくれた」「こどもにおやすみと言ってくれた」「今日も生きててくれた」。

こんなことで充分なんです。

「私だって疲れてるのに、何でこんな面倒くさいことやらなきゃいけないのよ！」と思うかもしれませんが、しょっちゅうケンカをして心が消耗しているなら、ぜひこれをやってみて欲しいんです。急には変わらなくても、一日に一つ旦那さんがやってくれたことを書いていくだけで、感謝の気持ちが次第にじわじわと湧いてくるはずです。

想像してみてください。旦那さんが働けなくなったら、旦那さんがいなくなったら、生活がどれだけ変わってしまうか。

旦那さんに、「あなたは、私にもこどもにも必要な存在だよ」という思いを伝えてあげてください。重いものは運んでもらいましょう。高いところの電球は替えてもらいましょう。コンビニでスイーツを買ってきてもらいましょう。

ちなみに私は、配線関係や機器の設定は夫より得意なので、自分でサクサクやっちゃいますが、インテリアのセンスはマイナス１００なので夫に任せます。自分と旦那さんの得手不得手を見極めて、何でも自分で頑張ろうとせず、うまく頼ってくださいね！

そして、**やってもらったときは「ありがとう」を忘れずに。**
あなたの笑顔は、今も変わらず旦那さんを幸せにしています。いつもいつも無理して笑うことはないけれど、「ありがとう」という気持ちがあふれてきたときは、その素敵な笑顔を見せてあげてくださいね。

旦那さんの収入、どうやって増やす？

大切な人と過ごす幸せな時間は、いつか必ず終わりが来ます。目の前にいる夫の言動にイラっとすることも、そりゃあ、ありますって。そんな日があっても、やっぱり私はこの人と一緒に歳を重ねていきたい。そんな思いが心のどこかにあるのなら、楽しいときは一緒に笑って、悔しいときは一緒に乗り越えて、悲しいときは一緒に泣いてくれるその人を、どうか大切に想ってください。

ん？「笑顔と愛だけでは食べていけない」？はい、それもおっしゃる通りです。愛する家族がいて、必要なものは買える。それでも、もっと豊かな生活をしたいと望むのも、ごく自然な感情です。

私もこどもが小さいうちは専業主婦でしたが、スキ子さんのように「どうしたら夫の収入を上げられるか」と考えることはなく、「まあ、このまんまでいっか！」と現状維持主義者。夫も出世欲がなく、現実主義者。理想を追い求めることもなく、目の前の現実と向き合っていました。

「今の現実にある幸せ」を見つめることができるので、現状維持でいることを全否定するわけではないですが、「引き寄せの法則」と出会い、ブログを書きはじめた私は、もともと備わっていた妄想力が大爆発。見事に欲のかたまりと変化したのです。

今の生活がギリギリのものであったとしても、毎週のように旅行に行き、帰省の新幹線はグリーン車、お肉は高級ステーキ肉を買い、おやつはマスクメロン。そんな生活を妄想していたのです（お金持ちのデータがない私のお手本は、スネ夫くんでした）。

現実を見ている夫の横で、本気の妄想にふける妻。

ちょっとしたカオス状態ですが、そんな状況が続いて我が家はどうなったかというと、私の収入がぐんと増え、夫の年収を超えたのです。

いいえ、これは自慢でも嫌味でも何でもありません。**私のスネ夫くんライフの妄想に、**

現実が追いついてくれただけなんです。そしてこれは、誰もがその力＝叶える力を持っているんです。

「お金持ちになりたいな」という願いが生まれたときに、ついつい「どうやって？」とその手段を考えてしまいますね。でも、手段は考えなくていいんです。もちろん、「こんなふうに叶うのかな♪」とワクワクするときはぜひ、その妄想を楽しんでもらって構わないのですが、私の実体験を元にすると「こんなふうに叶うのかな」という予想は大体、ハズれます。

「お金が欲しいな〜」→予想「きっと宝くじが当たるんだな！」→実際は「好きなことが仕事になった！」

「本の出版をしたいな〜」→予想「ブログを頑張ってたら、編集者さんからメールが来るんだろうな！」→実際は「自分で企画書を送った」

「アメブロのオフィシャルになりたいな〜」→予想「アメブロさんから連絡が来るんだろうな！」→実際は「お世話になっている出版プロデューサーさんの紹介で、オフィシャル化が叶った」

ね！　予想通りに叶うことのほうが珍しいのですが、大切なのは願いが叶う手段じゃなくて、願いが叶ったあとの「ああ嬉しい！」という幸福感ですから！

願いが叶うときに、手段はどうだっていいんです。というのも、宇宙はその人にとって最高の方法で、なおかつ完璧なタイミングで願いを叶えてくれるからです。

何か欲しいものがあって買いたいときや、どこかへ旅行に行きたいときは「お金が欲しい」という願いが芽生えますね。そんなとき、「仮想通貨で大当たりしちゃう!?」「アラブの石油王に見初められちゃう!?」なんて、無駄に妄想力を発揮してしまう私ですが、宇宙さんは私の予想などまるで無視。

ですが、願いはきちんと叶えてくれます。思ってもいないところからお仕事の話をいただくなどして、願いを叶えるために必要なお金が、ちゃんとやってきてくれるのです。自分が好きな「文章を書く」ことが仕事になり、読んでくださった方が笑ってくれたり、少しホッとした気分になってくれる。

私にとっては、仮想通貨よりもアラブの石油王よりも幸せな方法で、宇宙は願いを叶えてくれているんです。

マンガの中のスキ子さんは、「お金持ちになるには旦那の収入が上がってくれるしかない」という思い込みがあるのかもしれませんが、そんなことはありません！　スキ子さんが天職を見つけてバリバリ稼ぐかもしれないし、働けない事情がある方だって、家にいながらにして仕事ができるこの時代、お金を得る手段はいくらだってあるんです。

最高の形で願いは叶う！

旦那さんを変えようとしなくても、自分の心次第で現実は変わっていきます。「いざとなれば私が働くから大丈夫よ！」という気持ちで過ごしてみましょう。たとえ奥さんの収入が少ないとしても、いいんです。「私に任せとけ！」という気持ちの余裕が旦那さんにも伝わり、心に安定が生まれた旦那さんがぐんと出世しちゃうかもしれませんしね！

経済的に豊かになったから、豊かさを感じるのではなくて、**豊かさを感じる心があるから、経済的に豊かになっていくのです。**

宝くじだって立派な手段。もしかしたら明日、急に土地をプレゼントされるようなことだってあるかもしれないし！　ふふふ！　人生って楽しいですね！

「私には無理」だなんて、**無限にある可能性を自ら閉じるのだけはやめて、夢を見てくださいね。**


夢といえば、マイホーム。「家を建てたい」という願いについても、「家を建てるためにはこれだけのお金が必要で、こどもは転校させたくないし、なんちゃらかんちゃら……」とあれこれ考えてしまいがちですね。

私も実は今、最大の願いはマイホームなんです。今は遠方で暮らしている両親と一緒に住めるようなマイホームを、一人で勝手に願っています。両親含め、私以外の家族は「もちろん叶ったら嬉しいけど……ねえ？」というような反応ですが、知りません。間取りだってもう、完璧に私の頭の中にあるんですから！

本当にマイホームが欲しいと願うなら、床の感触や、カーテンの色、家の匂い、一緒に暮らしている家族の表情を、リアルに感じてみてください。「こんな家にみんなで笑顔で住めたら……！　うふふ！　嬉しいなあ！」とリアルに感じた幸せな感情が、また幸せな現実を連れてきてくれますから。

お金？　知りません。何とかなります。宇宙のお手並みを、拝見しましょう。

私だけじゃなく、かかわる家族全員にとって**最高の形で願いは叶う。**

私は心からそう信じています。

私のこの願い、叶ったときにはブログで報告しますので、ブログのチェックをお願いいたしますね！（ちゃっかり宣伝したー！）

他人なんだから、人間関係がうまくいくなんて奇跡！

続いて人間関係を見ていきましょう。さすがスキ子さんです、人間関係においても見事に悩んでいますね！

大事なことを言っちゃいますけど、**ご近所さんや職場の上司、同僚はもちろん、両親や夫、こどもも、結局は「他人」なんです。**

こう書くと冷たいようですが、親子という近い存在であっても、親は親、子は子でそれぞれ別人格を持っています。

うまくいったら奇跡なんです。

あなたもスキ子さんのように、嫁姑関係がうまくいかなくて悩んでるって!?

大丈夫。うまくいかなくて当たり前なんですから、悩まなくていいんですよ。愛する人のお母さんとはいえ、過ごしてきた環境も価値観もまったく違う他人。そんな他人と急に、切っても切り離せない関係になるんですから。今まで少しでも仲良くやっていけるように頑張ってきたあなた自身を、思いっきり褒めてあげてください。

他人を変えようとしても、変えられません。他人をどうにかしようとしても、どうにもならないんです。

「じゃあ解決策はないの!?」と頭を抱えられた皆さん。解決策は、ちゃんとあります。**自分の世界は自分がつくり出していけるのですから。**

ルパン三世と銭形警部と並ぶ永遠のライバル、嫁と姑が仲良くやっていける奇跡のストーリーを生きていくことだってできるのです!

実は私が、そうなんです。お姑さんと二人で買い物に行くこともあれば、家族みんなで旅行に行くこともある。私の著書を書店で見かけたときには、嬉しそうに報告もしてくれます。

お姑さんに対して、私は何の不満もないんです。そりゃ時には、お互い「こんにゃろ!」と思うこともありますけどね! それは実の親子であっても、そうですから。

これは決して幸せアピールをしたいわけではありません。「別に仲良くなれなくてもいい」と思っていたら、いつのまにか居心地がいい関係になっていたんです。

相手に期待しないで、いい意味で諦めましょう。

他人はどうでもいいんです。

おっと！　何だか冷酷な感じになってしまいましたね！　どうでもいい＝「どうであってもいい」なんです。

嫌なものに意識を向けるほど、それが拡大します！

はい、では抜き打ち妄想テストをはじめます。素敵な男性の声を思い出してください。せっかくだから、抱きしめられながら耳元で囁いてもらいましょう。

「君は綺麗で優秀で家事も完璧にしてくれるから、大好きだよ」と言われるのと、「君がどうあっても、何があったとしても、大好きだよ」と言われるのと、どちらが嬉しいでしょうか。

前者は褒めちぎりじゃない！　いいじゃない！　と思われた方。もちろん言われたら嬉しいセリフではありますが、こう言われると、人は無意識のうちに「私はいつも綺麗で優秀で家事も完璧じゃなきゃいけない」と頑張るようになってしまうんです。

「こうであって欲しい」と他人に押しつけるよりも、他人は「どうであってもいい」とほっといてみましょう。そんな気持ちでいると、相手が変わってくれたり、関係性がよくなったりしていくのです。魔法のようですね！

嫌なものに意識を向けるほど、拡大していくのが宇宙の法則です。

そうはいっても、毎日顔を合わせる会社の上司や同僚に厄介なことを言われたら、意識するなと言われても難しいですね。そんなときは、我慢なんてしなくていいんです。人としておかしいことをされたり、言われたときには、ちゃんと怒りましょう。

これは、旦那さんやお姑さんに対しても同じ。許せないことがあったらちゃんとちゃぶ台をひっくり返して、新聞紙をビリッビリに破るんですよ！ **「どうであってもいい」と受け入れることと、我慢することは違います。**

他人の目をいつも気にしてしまう人、他人の意見をつい優先してしまう人、他人の言動が気になる人は、「他人」に向けている矢印を「自分」に向け直しましょう。

今、自分はどうなりたいか。どうなったら嬉しいのか。どんなふうに毎日を過ごしていきたいのか。

スキ子さんはお隣さんのことで悩んでいましたが、「お隣さんが嫌だ、怖い」と思い続けていると、

「怖くて嫌なお隣さんをもっとください」というエネルギーを送っていることになり、お隣さんとの関係に悩まされる日々が続いてしまうのです。

「あの人のせいで私は嫌な思いをしている」と「あの人」に意識を向けるのではなく、「今、自分ができることで気分がよくなることはあるかな？」と考えてみましょう。「嫌なアイツ」から「自分」に、ふっと意識を向ける先を変えるんです。

「環境はとてもよいから、こんなところに住めて幸せ」「怒られるほどこどもが元気なのは嬉しいことだ」「迷惑をかけるほど騒がしくするのはよくないから、それを教えてくれている」「騒音では注意されるけど、他のことで注意されたことはないな」「そういえばこの3日間は注意されてないな。平和に過ごせていい感じ！」

こんなふうに、嫌な出来事があった中でも、よい部分を見つける癖をつけてみてください。

理想の生活を妄想しましょう！

よりよい現実を生きたければ、今いる場所の中でよいところを見つけていくのは必須科目なんです。

今の現実の中によいところなんてない……という場合は、さあ妄想の時間です。思う存分現実から逃避しましょう。

いつも笑顔で挨拶してくれるお隣さん、こども同士仲良く遊べるようなお隣さん、「幸せだね」と家族とくつろいでいる自分の姿、縁側でお茶を飲んで膝の上には猫がいて……。

「こんな毎日だったら幸せだよね～」と思う理想の生活を送っている自分の姿を、何度も頭に思い浮かべてください。

望ましいことを気持ちよく妄想しても、すぐに「でも、こんなのきっと無理よね」と考えてしまうこともあるでしょう。その時間が多くなれば、「無理よね」という思いが実現してしまいます。

望まないことを、頭の中で何度も体験することはないんです。望まないことより望むことを、嫌なアイツのことよりも、好きなあの人のことを考える時間を増やしてください。

本当の望みは職場や親戚の中にいるめんどくさいアイツがいなくなることではなくて、アイツがいてもいなくても関係なく、自分が幸せに過ごせることですね。

宝くじを当てたい！ と願って宝くじが当たったとしても、くじを失くしてしまったら元も子もありません。

自分がどうなったら幸せか、自分が本当に望んでいるものが何かをきちんと知る。それが、とても大切です。

「心配してしまう」のは、「安心したい」から！

さて、悩むのが好きなスキ子さんと、心配するのが好きなかずみんでお送りしてきました。

ですがこれ、悩みたいから悩むというより、**「気持ちを安定させる」ために悩んで**

いるんですよね。

「悩む」「心配する」というのは、「この先、こうなっちゃうんじゃないかしら」と、「未来」に意識が向いている証。「安心したい」から心配する。「よりよい未来を過ごしたい」から悩むんです。

私も心配事が湧いてきたときは「んん？　そっちの未来じゃなくてこっちの未来がいいよ！　望む未来のほうに意識を向けさせてくれてありがとう、心配クロちゃん！」と、クロちゃんに爽やかに手を振っていますよ！

心配よりも安心に目を向けましょう。

悩むよりも、よりよい未来に意識を飛ばしましょう。

怒ることも、悩むこともあっていいけれど、その時間よりも幸せそうに笑っている時間が長く続いて欲しい。それは、自分の気持ち次第でいくらでも変えていけます。

あなたの素敵な笑顔が増えることを、陰ながら願っておりますよ！

chapter

3

かずみんの新訳おとぎ噺①

新・デレラ姫

ここは、誰も知らない世界。
そこには双子の女性がいました
この二人は、まったく同じ出来事を
体験していくという、
それは不思議な運命。
では、二人の物語をのぞいてみましょう

「女性は、いつも美しくしていないと愛されない」
そんなふうに思い、美しくあるために、愛されるために精一杯着飾っていた二人のマザー
マザーには二人の娘がいましたが、あるとき、最愛の夫を亡くし、同じように伴侶を亡くした男性と再婚します
『きっとまたこれから、幸せな家庭を築けるわ！』
そんなふうに、期待に胸を膨らませていたのです
新しい夫の家にやってきました
さあ！
これから新しい生活が…！
そこに現れたのは、何一つ飾らない、ありのままの姿でも
充分美しい娘
デレラ姫
再婚した男性の娘です
こんにちは
バーン!!

mother A
あらまぁ
可愛いこと♡
mother B
憎っくき
ヨダレたらしても可愛いってどーゆーことよ!
すっぴん美人め!!
もや もや もや もや
引き寄せ力が高いマザーAは、美しいものをそのまま美しいと思える心を持っていました
ヨダレかわいい♡
いつまでヨダレたらしてんのよ!
プイッ
引き寄せ力が低いマザーBは、美しいものを素直に美しいと思えないゆがんだ心を持っていました

マザー達は再婚相手の家で幸せな生活を送っていました
ところが、再婚相手がデレラに、
「パパは今もずっと、お母さんのことが忘れられないよ」
と告白しているのを目撃してしまいます
mother A
そうよね…
うん…
mother B
メラ
メラ
メラ
メラ
メラ
メラ
キーーーーッ
私という女がありながらっ

そんなマザーに、またもや悲劇が訪れます。再婚相手である新しい夫が、旅先で亡くなってしまったのです
ゔゔ…
mother A
mother B
あたしを一人残して
先に逝ってしまうなんて…！
…薄情者っ

マザーは自分の二人の娘と、そしてデレラとの共同生活を送ることになりました。夫を亡くし、お金もありません。使用人を雇うお金など、あるはずもありません
あら、ネズミと話をしているの？変な子…
まぁいいわ
家事も全部自分たちでやらなければいけなくなりました。デレラは悲しみを癒すためなのか、率先して家事をしているようです
mother A
家事なんてやったことないけど…何か手伝えるかしら？
私だって悲しいわよ。やってらんないわよ…一緒に幸せになろうと思った人が、また突然いなくなっちゃうなんて…でも…あなただって悲しいわよね
mother B
そんなんじゃ足りないわよっ！
キーーーッ
ここも
デレラ～あたしの部屋もね～
あーっよごれてるしーっ
ゴシ
ゴシ

そんなマザーとデレラ達に、
大きな転機が訪れます
王子様が、結婚相手を
決めるために
舞踏会を開くのですって！
さて、デレラはどうする？
mother A
すッーン
王子より
舞踏会に
いらっしゃーい
あら！
ステキ！
mother B
デレラに
言うんじゃ
ないわよ
フフフ♡
いいじゃ
ない
王子より
舞踏会に
いらっしゃーい
王子を
つかまえるわ…
うんッ
ゴシ
ゴシ

mother A
デレラも一緒に行く？お洋服やアクセサリーは私のものを使えばいいわ♡
あら？ あなた いつのまに、こんなに素敵なドレスを用意したの？
え？ フェアリー・ゴッドマザーが用意してくれた？ …やっぱり変な子だけど、まあいいわ
mother B
王子とうちの娘を結婚させて
人生大逆転してやるわー！
ホホホホー♡
ゲバゲバ
ゲバゲバ
しっしっ
デレラなんて連れていくもんか!!
あんたにゃドレスなんか必要ないでしょ!!
あ゛あ……
ビリッ
ビリッ
て、ゆーか、
なんでもってんのよ?!

さぁ♡みんな
お城についたわよ
ステキねぇ～♡
mother A
キャッ
キャ
キャ
ステキ♡

ついたわよ…
mother B

mother A
デレラ、王子様がダンスを求めているわよ。行ってきなさい！
キューン
まあ、とっても お似合いじゃない
あ、くれぐれも王子様の前ではネズミと話したりしないようにね
mother B
なんでデレラが王子様と踊ってんのよ…
?!
いつのまに来たのよ！
どこまで私の邪魔するのよ！
絶対に許さないわ！
キーーーッ

舞踏会の後、デレラを迎えにきた王子様
幸せを手にしたデレラを前にして、マザーの反応はどうでしょうか
mother A
デレラ、どうか幸せになってね
あなたの幸せは私の幸せよ デレラと出逢えて本当によかったわ
mother B
お前一人だけを幸せにさせるもんか!!
ワナワナ
ワナワナ

mother A
デレラのはからいで、マザーと娘二人もお城で一緒に暮らすことになったようです
さあ♡
ケーキを食べましょう
おいしそう♡
はーい♡
わ〜い♡
mother B
デレラのことを陥れてやるぞ・・・
へっへっへっへっ
うそつき!
国中に貼ってやる!プププー♡
デレラうそつきだよ!
ヨダレたらして王子様と結婚できるワケないでしょ〜

あ！マザーの後ろに、
フェアリー・ゴッドマザー
の姿が！
mother A
!?
悪だくみがバレた
マザーBと娘二人は
国から追い出される
ことになりました
mother B

mother A
おわり
mother B
デレラのせいで…
デレラのせいで…
フラ…
フラ…
絶対に許さないわ…
そう言いながら、マザーと二人の娘は、ずっと貧しく暮らしたそうです
おわり…。

現実が辛くても、明るい未来を見つめ続けて！

ん？　おかっぱに割烹着、そしてヨダレ……。

このデレラ姫、どこかで見たことがあるような気がしますが、まあいいでしょう！　きっと気のせいですね！

さて、世にも不思議な体験をしていくこの二人のマザー。暮らしている場所は違うのに、まったく同じ出来事に出会っていきます。それでも、どうやら結末は違ったようですね。

雨が降ったときに「もう！　びしょびしょになるし、最悪！」と文句を言う人もいれば、「雨も気持ちいいね」と雨の日を楽しめる人もいます。

雨が降れば、ピザなどのデリバリーサービスが大人気！　タクシー会社の売上げもアップする！　こんなふうに、「自分にとっては残念なこの出来事も、喜んでいる誰かがいるかもしれない」なんて捉えることができると、なおいいですね！

「他人の幸福」を素直に喜べないとき

人は、何か出来事が起きたとき、瞬間的に何かしらの感情を覚えます。

友人が成功したときに「すごい！　おめでとう！」と思うか、「こんにゃろ！」と思うか。

とっさに出る「瞬間的な感情」は「無意識」から出ています。「こんにゃろ！」という感情が出てしまったときは、そんな自分に驚くかもしれませんが、自分自身を責める必要はありません。

その「こんにゃろ！」は嫉妬からきているのか、成功した友人がどこか遠くに行ってしまうかもしれない寂しさからきているのか、まずは「うんうん」と自分の感情を認めてあげることが大事です。

自分の本当の思いをごまかすことはできません。本当はそう思えないのに「おめでとう」と言って微笑むのは、間違いなく一つの優しさではあります。でも、自分だけは、自分の本当の思いに気づいてあげてください。

「潜在意識は自分も他人も区別がつかないから、人の幸せも自分のことのように祝福しないと、自分の元に幸せはやってこない」とか聞きますけどね。わかっててもできないときってあるじゃないですか。

正直に言いますが、私はありますよ！

そういうときは「できない」でいいんです。「どした？」と自分の声に耳を傾け、いつのまにかついていた傷を癒していくことで、必ず心からの「おめでとう」を言えるときがきます。

負の感情は、ネガティブな現実を連れてくる!?

では、二人のマザーはどうだったのでしょうか？

マザーAは、もともと引き寄せ力が高い＝あほ力が高かったのでしょう。

楽しいときは楽しいと素直に喜び、悲しいときは「悲しい」と自分の感情をきちんと認め、そこからまた前を向いていく「あほ力」を持っています。

こういうタイプの人って、引き寄せでもそのあほ力をいかんなく発揮して、スルスル引き寄せていくんですよね！

「ずるい」って言いたくなるでしょう、そうでしょう。

だけど、肌が弱い人と強い人、喉が弱い人と強い人、ダンスのセンスがある人とない人がいるように、「持って生まれたもの」ってどうしてもあるんです。

でも、もともと肌が綺麗な人やダンスのセンスがある人も、何もしていないように見えて、実はそれを維持する努力や、もっと綺麗になったり、上手になる努力をしているかもしれませんよ。

それと同じで、引き寄せでも、うまくいっている人は何の苦労もなく、楽にできているように見えるかもしれないけど、きっと誰にでも浮き沈みはあって、もしかしたら楽しく生きていく努力をすごーくしているのかもしれません。

けど、本人はそれを努力とも思っていなくて、ただ生きることを楽しもうとしているだけだったりするから、周りからすると「いつも楽しそう」に見えるんです。

あ、ちなみに私は、恋愛と夢関係についてはあほ力が高かったですが、お金と人間関係については、あほ力が低いマザーBタイプでした。

今ではかなり、お金と人間関係についてもあほ力が高まってきましたけどね！　だから、大丈夫なんですよ。自分は変えられるし、現実も変えられるんです。

どんなことが起きても、自分の心は自由です。

例えば、再婚相手の「僕は今も、前妻のことが忘れられない」という言葉。こんなこと言われたら、正直めっちゃくちゃキツイですよね！

それを「そうよね」と受け入れたマザーAと、「キーッ!!」とブチ切れたマザーB。

マザーAが瞬時に「そりゃそうよね」と思ったのか、「キーッ！」と思ったのちに「そうよね」という気持ちにたどり着いたのかは、マザーAにしかわかりません。

マザーBのとっさの感情は「キーッ！」でしたが、その後もずっとメラメラ燃える炎を大事に持ち続けています。ここが、分岐点なんです。

一瞬、誰かに対して憎しみを持ったり、負の感情を持ち合わせたとしても、その時間が短ければ、ネガティブな現実を引き寄せたりはしません。何度も何度もその思考を繰り返したり、感情を体感することで、その思いは現実のものになっていくのです。

ではここで、**あほ力を高めてみましょう。**

「僕は今も、前妻のことが忘れられない」

キーッ！　メラメラ！

前の奥さんの写真なんて全部燃やしてやる!!

……でも、そんなことをしても彼の思い出を消すことはできないし、あなたが幸せな気持ちになるわけではありません。

人の感情は、そんなに簡単に割り切れるものではありませんね。思い出はとても優しく、美しいもの。思い出は思い出として、大事に持っていてもらいましょう。

彼といっしょに「これからの未来」をつくっていけるのは、他でもないあなたなのです。あなたに傷があるように、彼にも傷がある。その傷を癒すことができるのも、あなただけなのです。

自分に都合よく、幸せな勘違いをしちゃいましょう！

人が、心の中で〝本当は〟何を思っているかなんて、わかりません。それならば、幸せな勘違いをたくさんしてみましょう。

例えば彼が「その服、似合わないんじゃない？」と言ったとしても、その本当の思いは「ちょっと！　可愛いすぎるでしょ！　俺以外の男に見せたくないから、その服着るのはもう禁止！」かもしれません。

彼がそっけない態度をとったとしても、あなたに興味がないわけではなくて、今すっごくお腹が空いているか、実は心の中で「ああもう可愛い好き好き大好き」と思っているのかもしれません。

「好きなら優しくするのが当たり前でしょ」というのは、「あなたの中の当たり前」です。好きだからこそ、優しくできない不器用な男性だっているかもしれない。そんなふうに、「自分の中の当たり前」以外の選択肢も用意してくださいね。

「ん!?」と引っかかるような言葉を言われたとしても、自分の心は自由。少しでも自

分の心が優しくなるような思考を選択していきましょう。

彼のすべてを許し、受け入れろと言っているわけではありませんよ！　あまりに元カノの話ばっかりしてくる彼には、「元カノの話をされると、ちょっと複雑だな」と素直に思いを伝えるのもいいし、「元カノの話はもうするなー！」と冗談っぽく言うのもいいですね！（元カノの話をしてくる男性は、悪気がないパターンがほとんどです）。

感情に飲まれないように

では、はじめにメラメラ燃える炎を大事にし続けたマザーBは、この結末を迎えるしかなかったのでしょうか。もちろんそんなはずはなく、何度も望むほうに目を向けるチャンスはありましたね。

マザーBの本当の願いは「誰かを憎みたい」ではなくて、「幸せに生きていきたい」だったはずです。その本当の願いを育てようとはせず、憎しみのほうを育ててしまった。

疲れているときや、物事がうまくいかないとき、そしてお腹が空いているとき、イライラして八つ当たりしたくなることだって、ありますよね。

そんなとき標的になってしまうのは家族やパートナーなど、自分にとって近い存在。

「私はこんなに頑張ってるのに！　少しはわかってよ！」と求めてしまうんです。

人は、どうでもいい人にはそれほど求めません。好きな彼にメールを送ったとき、「早く！　早く！　返事して！」と求めてしまうことがあると思います。でも、どうでもいい人はどうでもいいので、求めることなどしませんね。

家族やパートナーは甘えられる存在ですが、日々のストレスをぶつけていい存在ではありません。感情のままに思いをぶつけてしまっても、相手の耳に入った言葉はもう消すことができないんです。

イライラが爆発しそうなときは、とりあえずクッションを壁に投げておきましょう。

本当の願いは、「大切な人を傷つけること」ではなくて「大切な人と笑い合うこと」ですね。

怒りや苛立ち、嫉妬に不安、心配に、復讐心。**感情に飲まれそうになったときは、これらの感情が、自分が本当に望んでいる感情ではないことに気づいてくださいね。**

あなたのそばに、フェアリー・ゴッドマザーが！

マザーBは、自分の中の満たされない思いをすべて、デレラにぶつけていました。マザーBが失ったものが大きかったことは、否定しません。それでも、大事な娘が二人いたし、立派なお家だってあった。自分の心の声を聞き、心についた傷を癒しながら、どこかで自分の本当の願いに気がつくことができたら、結末はまた違ったものになったのかもしれません。

望まない出来事が起きたときも、自ら光を閉じるようなことはしないで、どうか、光を見つめて拡大してください。

光を見つめ続けたマザーAがどうなったかは、マンガを読んでくださった皆さんならもうご存知ですね。

あなたにも、自分だけのフェアリー・ゴッドマザーは必ずいます。ほら！　すぐそばで、フェアリー・ゴッドマザーが幸せな魔法をかけようとして、今か今かと準備をしていますよ!!

chapter 4

かずみんの新訳おとぎ噺②

ピーチ太郎

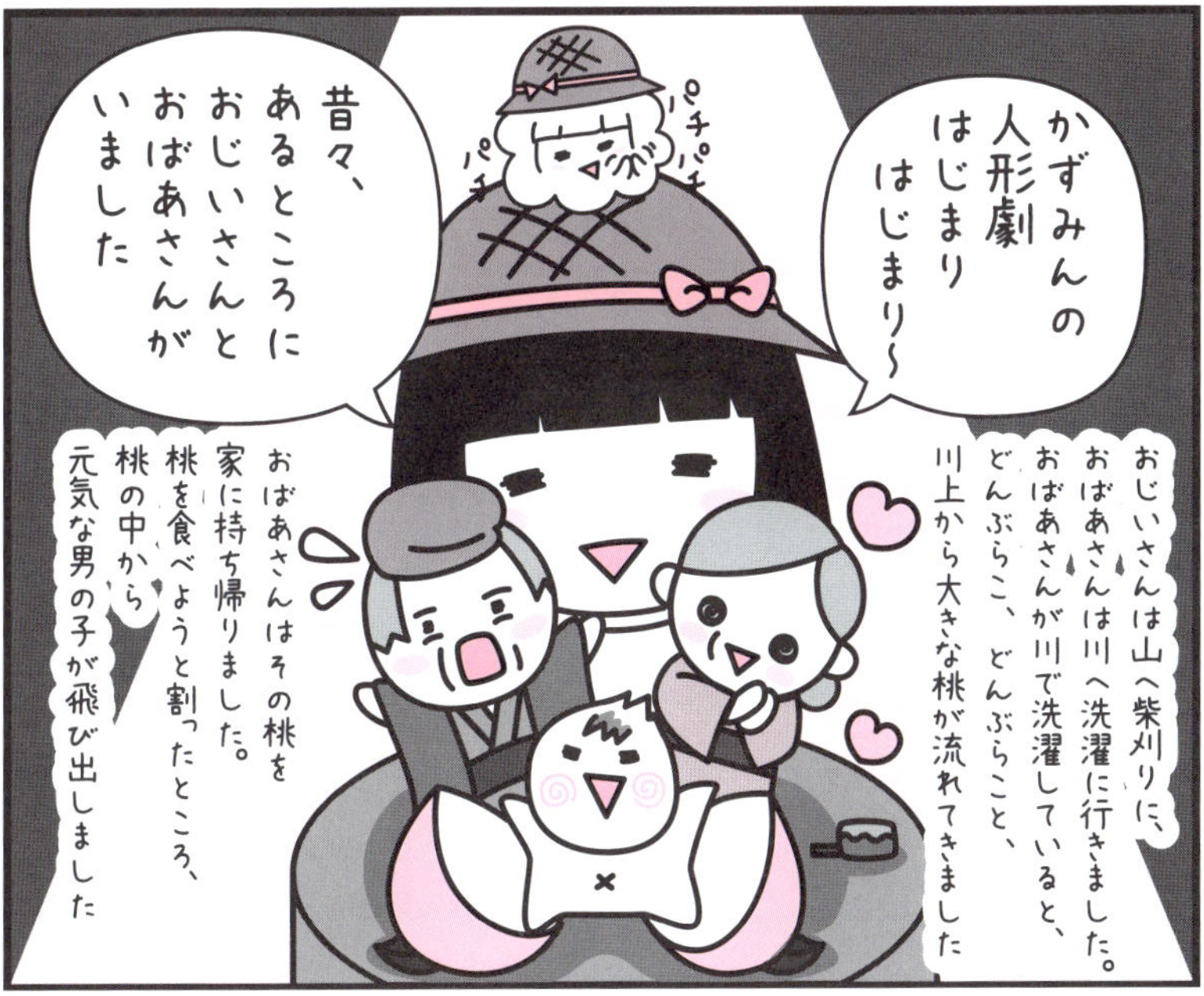

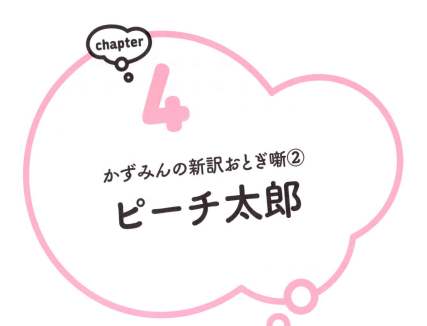

桃から♡
キャ♡
キャ♡
スリスリ
こどもが生まれましたよ♡
いやいや
ちょいまち
ちょいまちっ
普通に言ってるけど… 「桃から元気な男の子が飛び出してきた」って… なんやねん！ そんなのありえん！
はっ
もしやこの子はばあさんがこっそり産んだんちゃうんか!?
で…でもわしにはそんな覚えがない…
ま、まさか浮気!?…
うぅん♡
ばーさん、かわいいし…
やぁ、また一？
それであたかも桃から生まれたみたいに
ごまかしたんか!?
ばあさんやっ
ハイハイ なんですか？
プルプル
ばあさん!! もしかしてもしかしたら… 他に好きな男ができたんか!?
やだねえ、おじいさんったら何を言うのかと思えば
でも♡ 新しい恋も素敵ねえ♡
ふふっ
え… なんか軽くかわされてる！
しかもなんか色っぽいし… ダレを思っている?!

あれこれ勝手に
頭の中で考えはじめたおじいさん
妄想を悪い方向に使ってしまう、
典型的なパターンです
いつ、どんなことが
起こるかなんて
誰にもわかりません
「えー!」とびっくりするようなことでも、
それは
大きな幸運の前触れ
かも知れませんよ
おじいさんと
おばあさんは、
桃から生まれた
この子が
やって来る前から、
穏やかに幸せに
暮らしていました
だから、
大きな幸せが
やって来た。
それでいいでは
ありませんか♡
た、たしかに、
ばあさんのお腹が
大きくなっていた
ことはない。
赤ちゃんは十月十日
お腹の中で大事に
ブツ…
ブツ…
ブツブツ
ブツブツ
育てることぐらい、
わしでも知っておる
ということは、
この子は本当に
桃から生まれたんか!
疑ってごめんな、
ばあさん!
ばーさんやっ!
?!
はいはい
今度は
なんですか?
桃から生まれたこの子は
ピーチ太郎と
名付けよう!!

あら いいですねえ♡
うふふ♡
じゃろ♡
こどもがいなかったおじいさん、おばあさんは大変喜んで、桃から生まれた男の子に"ピーチ太郎"と名付け、大事に育てました
ピーチ太郎はすくすくと育ち、
強い男の子になりました
ムキッ
ムキッ
ハーイ♡
鬼ヶ島に行って鬼を退治しまーす☆
ズッ
いやいやいやっ
無理無理無理無理
だって鬼めっちゃ強いんやで!?
そんな無謀なコトをピーちゃんにさせられるワケがないい〜っ
おやおや…おじいさんはだいぶ心配性のようです

心配するのも親として当たり前のことですが、
心配じゃー
一番大切なのは、『本人がどうしたいか』
ボク
おにたいじしたーい
☆アフレコはかずみん
『やれるかやれないか』、ではなくて、
自分が『どうしたいか』なんです
なあばあさんや!
そんな危険な場所にピーチ太郎を行かせるわけないだろ!!
コレコレ
好き～
ありがとー
ピーチ太郎やホレ
きびだんごー
好きでしょ～
ズッ
ズーッ ズズッズ ズッ
行かせる気満々っ?!
ありがとう
それでは行ってまいります!!
いってらっしゃーい
フレー
フレー
やっぱり…行く気満々っ
ぴ…ピーチ太郎…
そんな危険な場所になど…!

おじいさん
何にだって初めてはあるもの
可愛い子には旅をさせよ、そう言うではありませんか
私は、ピーチ太郎がこんなに勇気のある強い子に育ってくれて、
本当に嬉しいんですよ♡
他人が何かに挑戦するとき、心配よりも
「大丈夫パワー」を送る
だいじょーぶ
だいじょーぶ
だいじょーーぶ!!
パワーー!
それは勇気が必要なことかも知れませんが、
きっとその〝パワー〟は
大切な人に届きます
わ、わかった…
じゃ、ワシがついていく!!
え？
あらあら、こっそりピーチ太郎のストーカーになってしまったおじいさん
コソッ
ピーチ太郎は旅の途中で、イヌと出会いました。
ピーチ太郎さんどこへ行くんですか？
鬼ヶ島に鬼退治に行くのです
お腰につけたきびだんご一つくださいな
イヌはきびだんごをもらい、ピーチ太郎のお供になりました

今度はサルに出会いました
お供しますす
ハイ
コレおいしーよ
ウキッ
じっ…
次はキジに出会いました
コレおいしーよ
はーい お供しまーす
はーい
じっ…
あっという間に仲間が三人も増えた!!
ピーチ太郎、なんたる人たらし…もとい、動物たらし!!
あいつ…やりよる!!
そうです!! 一人で大変なときは、誰かを頼りにしていいんです。
自分が苦手なことも、誰かにとっては得意なこと、
自分が得意なことは、誰かにとって苦手なことなんです。
一人はみんなのために、みんなは一人のために!
こうして…イヌ、サル、キジを仲間にしたピーチ太郎は、鬼ヶ島にたどり着きました
ズーン
こらしめる大チャーンス!
ギャハハ
キャ
キ
鬼たちは人々から盗んだ宝物やごちそうを並べ、酒盛りの最中でした

ピーチ太郎と仲間達は大あばれ!!
あわわ……
かえしてよー!
ソレぼくの彼女のネックレスでしょ?
キーッ
ギャーッ
グエッ
ギュッ……
ボコ
ボコ
つん
つん
つん
いてっ
ギャーッ
いたいっ
ポカ
ポカ
…まいった
イエーイ☆
……本当に倒しよった
ズーッ
なんであんなに強い鬼をあっさり倒せたんじゃ?!
ズ?
?
おじいさんいつからここに?!
?
?
え……だって……今まで誰も倒すことができんかった鬼なのに……
え?そうなんですか?そんなに鬼が強いなんて
知りませんでした♡
テヘ♡
しらないよね~?
しらない
しってた?
そんなことも知らずに、倒すなんて言ってたのー?!
そして本当に倒しちゃったし!!
天才っ?!

「知ってる」は
もちろん大きな武器になります。
知ってる↓
ですが、
「知らない」も武器になる。
真実なんて、
どうだっていいんです
しらなすい
なーんにも
たとえば
彼が今
何を
してようが、
誰かが今
あなたのことを
何かウワサしていようが、
知らなければ
「ない」と
一緒なんです
SNSなどない、
この世界。
SNSで
鬼の強さを
知っていたら、
ピコン!
○○○○○
ピーチ太郎、鬼ってマジでチョー強いらしいよ!
○○○○○
ピーチ太郎、危ないよ!!
ピーチ太郎、やめた方がいいよ!!
○○○○○
行っちゃいや〜!
ピコン!
ピーチ太郎は
怖気づいて
鬼退治に
出かけなかったかも
知れません
見えないところのことを
アレコレ心配するよりも
幸せなデータを集め、
こんな幸せな
なかよしな
老夫婦みたいなね
幸せな妄想に包まれ、
幸せを感じましょう
そのほうが、
確実に幸せな出来事がやってきます!
今、いくよ

ピーチ太郎達は鬼の宝物を取り返し、元気に村に帰ってきました！
わしゃつかれたよ〜〜
ただいまぁ
たっだいまぁす
あら
おともだちもできたの〜
鬼も村人から盗んだから、今度はピーチ太郎に取り上げられた
ガラ
ガラ
こっちでいいですか？
鬼さんたち、何もなくなったっていうから一
バイトしてもらった
人にしたことは自分に返ってくるのですね
ピーチ太郎っ
鬼から取り返した宝物は、ちゃんと村の人々に返すんじゃぞ!!
うん今から返しに行こうと思ってたところ
まずは、彼女にね(笑)
いってらっしゃーい
めでたしめでたし

ピーチ太郎のおばあさんは、幸福を引き寄せる天才！

はあ……（ため息）。

……あ！　ぼんやりしてしまってすみません！　実は、ピーチ太郎に登場するおばあさんに見惚れていたんです。

だっておばあさんったら、おじいさんの勝手な妄想で疑われたにもかかわらず、サラッと受け流す心の広さも持っているし、大事なピーチ太郎の夢も応援するし、幸せだからか、お肌もツヤツヤ。こんなに可愛いおばあちゃんになれたら、どんなに素敵でしょう。

対しておじいさんは、すぐに悪い方向に意識が向いて人を疑ってしまったり、とにかく心配症で頭の中は心配のかたまりだったり、心配症なゆえに、情報をかき集めて頭でっかちになり、何も行動ができなかったりと、おばあさんとは真逆。

だけど、そんなおじいさんは、とても人間らしくて愛すべき存在だと感じるのは、私だけでしょうか。そんなふうに思うのは、私もおじいさんの要素を充分に持っているからかもしれませんね！

思考が現実を連れてくる

さて、「ここしばらく、旦那の帰りが毎日遅いんだけど！」というような場合、あなたはどう思うでしょう。

①ま、まさか浮気!?　今度スマホをこっそり調べてやるわ！
↓　**クロおじいさん度100％ー！**
②まあ、一人で息抜きしたいときもあるよね
↓　**クロおじいさん度50％ー！**
③残業か、仕事の付き合いかな。毎日お疲れさま！

↓
クロおじいさん度0%ー！

①はドロドロしたドラマにありそうな場面ですが、この状況、とてもじゃないけど、自分も旦那さんも幸せとは言えませんね。

浮気を疑う気持ちや、「浮気しないで」という気持ちは、逆に「どうぞ浮気をしてください」というオーダーを宇宙に届けていることになります。「そう言うけど、疑われるような行動をする旦那（もしくは彼）が悪いんじゃない！」と思うかもしれませんが、あなたが疑いの気持ちを持ってしまっているから、旦那さんが疑われるような行動をしてしまうんです。

え、なになに!?　相手の言動が先なの？　私の思考が先なの？　とこんがらがってしまいますが、それは、「思考」が先なんです。

「疑う気持ちなんてなかったんだけど……」と言いたくなるのもごもっともです。

ですが、人が自覚できる意識は、ほんの3％（ほど）。現実をつくって、動かしている力は残り97％を占める、自分では自覚ができない潜在意識なんです。

この97％の部分に「裏切られてしまうかもしれない」「男性は、私を傷つける」「私は好きなものを失ってしまう」というような思いが大きく居座っていると、その通りの現実を呼び寄せてしまうんです。

自分自身の心の中にある不安や恐れと向き合っていかないと、現実も変わらないし、旦那さんも変わりません。

私もうっかりすると、たくましい妄想力を悪い方向に発揮してしまいますが、「望んでいないもの」が頭に浮かんだときは、「違う違う、こっちがいいよ」と、「望むもの」に思考を切り替えるように、いつも意識しています。

「最悪な妄想」は「最高の未来」を教えてくれるんです。

旦那さんが浮気をしている現実か、旦那さんがあなたをこれからも愛し続けている未来か、どちらを選びましょうか。

浮気がまだ疑いの段階であるのなら、望まないほうにパワーを与えるのではなく、旦那さんがどのように過ごしていようと、「いつもありがとうね」と心穏やかに過ごしている自分の姿を育ててください。その思いは、大切な人にちゃんと届きますからね。

幸せな妄想で、シアワセ～な気分を何度でも感じる！

では、「お金の心配」を例にあげてみましょう。

「この先、お金がなくなったらどうしよう……。食べていくこともままならなくなったら……」

不安をあおるようなニュースを見て、こんな気持ちになってしまうことがあるかもしれません。こうしたメディアの声も、望まない未来を見せてくるドリームキラーですから、耳に入ってきた情報すべてを採用することなんてないんです。

自分の現実をつくっていけるのは、自分だけ。不安をあおる現実よりも、自分を幸せにしてくれる現実を選んでいきましょう。

では試しに、「お金がなくなって、毎日お金の心配ばかりをしていて、欲しいものも何も買えない未来」を妄想してみましょう。

あ、大丈夫ですよ！　何度か望まない妄想をしたとしても、それはそう簡単に現実にはなりませんから！

……どうですか？　すっごくどんよりして「イヤ〜な気持ち」になったでしょう！

この「イヤ〜な気持ち」の感覚を覚えていてください。

では次に、「お金が充分にあって、好きなものは何でも買えて、行きたいところにはどこにでも行けて、毎日が夏休みで、自由で最高に幸せを感じている未来」を妄想してください。

……どうでしょう！　私なんて、ファーストクラスで南の島に旅立って、飲めもしないシャンパンを嗜んでしまいましたよ！

皆さんそれぞれ、自分にとっての「お金持ちで幸せな未来」を妄想してくれたかと思いますが、とても楽しく、「シアワセ〜な気持ち」になりませんでしたか？

「イヤ〜な気持ち」を何度も体感することはありませんよ。好きなだけ幸せな妄想をして、「シアワセ〜な気持ち」を何度も連れてきてあげてください。

幸せな妄想を楽しむと、ラッキーな出来事が！

先ほど、「何度か望まない妄想をしたとしても、それはそう簡単に現実にはならない」とお話ししましたね。望む未来の妄想も、それは同じです。だからこそ、97％の潜在意識に「そーれ！」と届けるつもりで、何度も何度も「シアワセ〜な気持ち」を体で感じて欲しいのです。

ごく普通に暮らしていると、今の現実を見て、今の現実を体感していますね。「今月の収入はこれくらいだから、支出はこれぐらいで抑えて……」と、お金のやりくりもしているはずです。もちろん、お金の管理も大切なことですが、もっとあほになる時間を増やしてみましょう。常に「今月の収入はこれぐらい、そして来月もその先も……」とやっていると、今のままの「現状維持」が続いていきます。

頭の中は完全にフリーダム。そうですねえ、今日はお財布に100万円がぽーん！と入ってくる妄想をしてみましょう。明日は銀行口座に500万円にしましょう。その次の日は、そのお金を自由に使ってみましょうか！

「毎月入ってくるお金の額は決まっている」という設定はいらないんです。お金はいくら入ってきてもいいし、いくら使ってもいい。その思いを映像にして、妄想の中で再生してみるんです。

実際の生活の中で、今の収入に見合った生活をしていくことはもちろん大事なことですが、**現実を見る割合は3割、幸せな妄想を楽しむ割合は7割。これくらいまで妄想を楽しむ……いえ、あほになる時間が増えれば、現実も望むものに変わっていきます。**

臨時収入が増えたり、抽選に当たったり、頂き物が増えるなど、わかりやすい前兆があるはずですよ。

ヤキモキするなら、知らないほうがいいことも

引き寄せの法則と出会い、私の生活は大きく変わりました。無意識に使っていた妄想力を意識的に使うようになったことで、日々の暮らしも望むものに、どんどん変わっていったのです。

このように、「知識」は当然、大きな武器になります。だけど、「知らない」が強みになることだってありますね。

東京オリンピックのチケットは、当選確率がなかなか低かったようですが、私は当てる気満々で、「全部当たったら、贅沢な海外旅行に行けるほどの金額だ!」なんて、幸せな心配をしていました。そして見事、第一希望だったサッカーのチケットが当たったのです!(他は落選したので、優雅な国内旅行ほどの金額でしたよ!)

結局、どれくらいの当選確率だったのか、はっきりとした数字はわかりませんが、「当選は難しい」というデータが私の中に入っていたら、「ダメかも」という思いが勝り、当選も叶わなかったかもしれません。

まあ、宝くじでも6億円当てる気満々の私だから、確率なんて、関係なさそうですけどね!


今、生活の中で当たり前になっているSNSだって、自分にとって幸せな情報を集めるのか、そうでない情報を集めるのかは自分次第。うまく使えばとても便利で楽しいツールですが、知らなくてもいいことまで目に入ってしまうリスクがあることも、事実なんです。

好きな彼が今何をしているか、逐一知りたいのが女心というものですが、彼が食事をしている写真をSNSで見て「美味しそうなの食べてるー！　いいなあ♪」と幸せな気持ちになれれば大丈夫。

ですが、「誰とどこに行ってるの!?　えーっと、お店の名前がわかるようなヒントがどこかにないかな……」というような気持ちになるのなら、彼のSNSを見るのはやめましょう。

彼は、彼自身を幸せにするために生きています。あなたも、あなた自身を幸せにするために、幸せになれないようなデータを集める必要はないのです（SNSがすべてダメだと言っているわけではありませんよ！　見て幸せな気持ちになるなら、いいね！　を押してあげてください）。

「喜び」「楽しみ」「好き」「癒し」を脳に与える

見ないほうがいいのはわかってるけど、どうしても気になる……という場合。見なくてもいいものを見たくなってしまうのは、脳が刺激を欲しがっているからなんです。「不安」「心配」「怒り」「嫉妬」という感情を、わざわざ自分から感じにいって、それで快感を感じてしまうんです。「いやいやまさか！」と思われるかもしれませんが、言わないほうがいいとわかっているのに、つい人の悪口を言ってしまったり、人の噂話に参加してしまう心理と同じなんです。

でも、不安や心配、怒り、嫉妬の刺激を脳に与えて満足感を得るより、「喜び」「楽しみ」「好き」「癒し」を脳に与えてあげましょう。

甘いものを食べたり、好きな俳優さんが出ている映画を観たり、幸せな妄想に旅立ってみたり、そう！　かずみんのブログを読んでみるのも、とってもいいですね！

「見ない」ことを続けていくと、見ないことに慣れていき、見なくても平気になっていきます。

何をしていても彼のことが気になったり、自分が何が好きかわからない……という場合はきっと、「もっと自分に目を向けてね〜」というサインです。彼の言動や、目に見える現実にばかり気をとられるのではなく、自分の心に意識を向けてください。

はあ……（再びため息）。何十年いっしょに過ごしても、仲睦まじいピーチ太郎のおじいさんとおばあさん、本当に素敵ですよね。

幸せいっぱいなのは、つくった物語だからではありません。二人で出かけるときはいつも手をつなぐ、そんな素敵なご夫婦も世の中にはたくさんいるんです。

自分の現実をつくっていくのは、「自分がどんな現実を選ぶか」です。幸せな未来を選択して、見つめ続けて、自分の未来をつくり上げてくださいね。

(Epilogue) ある日のスタジオ

では、モニターをスタジオの外に移してみましょう♥
外にいるクロちゃん♥
はーい！
かずみんさんワンピース着てきました
わかります？(笑)綺麗ナルヨです♥
ナルヨさん!!やせてキレイになった♥おめでとーーーう♥
はーいCM入りまーす
はーい
シロちゃん、クロちゃん今日すごいねぇ
て、ゆーか、あなたもリスナーだよね新プロデューサーの恋野フカミさんっ
この仕事楽しすぎ♥
おめでとう♥
新!! 妄想しNIGHT!!
うれしいね♥
おーい♥
フワッ
あ♥
フワッ
フワッ
フワッ
ん？
あ♥だれかのシロちゃんとクロちゃんが
遊びに来てるね～♥
フワッ
フワッ
フワッ
フワッ
わー♥
おーい
フワッ
フワッ

どんどん
来てる!
とまらないし…
もこっ
もこっ
もこっ
あれっ?!
みんな…
クロちゃんは安心してるし
シロちゃんはみんな
おっきいねえ
うんうん
ズゴん
もこっ
もこっ
ねえかずみんっ
この本読んだら
こんなに
大きくなったよ
ズゴイ
ぼよ
Keycocco
エヘヘ…
育ててくれて
ありがとう
キャー
ちょっと…でかすぎない?
すご〜い
わ〜い

わお！それはスゴイ！！
ま、なかよく♡やっていこーぜ♡
読んでくださってありがとうございます♡
願いが叶うのも…
もうすぐだね♡
エへへ♡
エへへ♡
エへへ♡

おわりに

ようこそ！　夢の世界へ！

……え？　いきなりなに？　って？

今、私達はもうすでに、夢の世界にいます。

そうです。「人生」という名のワンダーランドを生きているんです。

この「人生」という名のワンダーランドは、いつか必ず終わりが来ます。

ディズニーランドで過ごす時間がどんなに楽しくても、いつか退園ゲートを通って帰らなければいけないのと同じように、人生ワンダーランドも、いつか空に還らなければいけないときが来ます。

ディズニーランドでは「あー楽しかった！」と笑顔でゲートを通れるときと、「もっと、あれもこれもしたかった」と感じながらゲートを通るときがあるでしょう。

ディズニーランドなら、また何度でも体験するチャンスはありますが、人生ワンダーランドは、そうではないかもしれません。

だからこそ、たくさん笑ってください。

たくさん夢を見てください。

大切な人との時間を大切に、過ごしてください。

悔しいときは、全力で悔しがってください。

悲しいときも、全力で悲しんでください。

そしてまた、少しずつ前を向いて笑ってください。


悔いがないように、自分の人生を生きてください。

どんなときでも、あなたにとっての幸せを見つめ続けてください。

臆病な思いが顔をのぞかせることがあっても、その思いごと「大丈夫だよ」と抱きしめてあげてください。

このワンダーランドを、「願いがなんでも叶う夢の世界！」という設定にするか、「苦しみに耐える修行の世界」という設定にするかは、自分次第なんです。

さあ、どんな世界にしましょうか。

今までが望むものではなかったとしても、これからは、あなた自身のパワーで変えていくことができます。

あなたにはまだ、この人生ワンダーランドをハチャメチャに楽しむために残された時間があるんです。

この夢の世界を楽しみましょう。

最後に、私にかかわってくれているすべての皆様、そして、いつも私を支えてくれている読者の皆様。あなたの幸せを、願っています。

そして、令和元年八月二日、天国に旅立った父へ。

ありのままの私を愛し続けてくれた、大好きな父に、心からのありがとうを届けます。

かずみん

令和元年八月

著者プロフィール

かずみん

1978年、京都府生まれ。アメブロ公式ブロガー。スピリチュアルや自己啓発とはまったく縁のない生活を送っていたが、奥平亜美衣さんの著書に出会い、2015年より引き寄せ、潜在意識の世界に足を踏み入れる。自分自身も無意識のうちに引き寄せの法則を使ってさまざまな成功を収めていたことに気づき、その体験をブログ「妄想は世界を救う。〜妄想万能説〜」に書きはじめたところ、「等身大でわかりやすい」と支持を得て、日本ブログ村哲学思想ブログ「引き寄せの法則」ランキングの上位常連となる。

著書に『ありえない「妄想」でお金も恋も引き寄せる』(秀和システム)、『「頑張らない」で引き寄せる！』(ダイヤモンド社)、『妄想レッスン』(廣済堂出版)、『妄想は現実になる』(ビジネス社)がある。

かずみんオフィシャルブログ：「妄想は世界を救う。〜妄想万能説〜」
https://ameblo.jp/kazuminhappiness/

keycocco（きぃこっこ）

茨城県生まれ。イラストレーター。幼稚園のとき、動物園の思い出をテーマに黄色いクレヨンでウサギの絵を描いて『これだ！』と思い、それから絵や手芸、お菓子づくりにどんどんハマっていく。美術系専門学校を卒業後、20歳のときに上京。初めて参加したアートイベントで小さな男の子が私の作品を指さして『きぃこっこ！』と叫んだことから、keycoccoの名前が誕生する（「きのこ」と言いたかったようです）。

クリエイティブ企業でデザインやイラストの経験を積んだ後、イラストレーターに転身。アートイベントへの参加や、合同展、オリジナル作品の販売、絵本制作等を行う。絵と手芸を連動させたユニークな作品を制作、展開している。Instagram等で、こども達のかわいい言動を題材にした絵本を配信中（エピソード絶賛受付中！）。また、ポップな緻密画の展示会を行っている。

公式ホームページ：www.keycocco.com
Instagram：@keycocco_hekochan @keycocco_gochae

マンガでわかる「引き寄せの法則」かずみんスタイル
すべての妄想をかなえる魔法

2019年9月14日　第1版発行

著　者　かずみん
keycocco
発行人　唐津 隆
発行所　株式会社ビジネス社
〒162-0805　東京都新宿区矢来町114番地　神楽坂高橋ビル5階
電話　03(5227)1602（代表）
FAX　03(5227)1603
http://www.business-sha.co.jp

印刷・製本　株式会社光邦
カバーデザイン　長谷川有香（ムシカゴグラフィクス）
本文組版　茂呂田剛（エムアンドケイ）
制作協力　方喰正彰（Imagination Creative）
営業担当　山口健志
編集担当　山浦秀紀

ISBN978-4-8284-2130-8